JAN MEESSEN

SUP-KURS

FÜR EINSTEIGER & FORTGESCHRITTENE

MIT ÜBUNGEN FÜR EIN BESSERES BOARDGEFÜHL

IMPRESSUM:

Postfach 10 03 15
D-47003 Duisburg
Tel.: +49 (203) 99759-0
Fax: +49 (203) 99759-61
info@dkvgmbh.de
www.dkvgmbh.de

1. Auflage 2023

Fotos: Jan Meessen, wenn nicht anders vermerkt
Gestaltung: www.publicdesign.de
Druck: Akontext s.r.o., Prag
Lektorat: Uwe Rex

Aktuelle Infos:
Anregungen zu diesem Buch werden in der nächsten Auflage berücksichtigt. Der Autor ist für alle Hinweise dankbar und erreichbar unter:
meessen.jan@gmail.com

ISBN: 978-3-96806-001-9

JAN MEESSEN

SUP-KURS

FÜR EINSTEIGER & FORTGESCHRITTENE

MIT ÜBUNGEN FÜR EIN
BESSERES BOARDGEFÜHL

DKV Wirtschafts- und Verlags-GmbH
Postfach 100315 - 47003 Duisburg

INHALTSVERZEICHNIS

VORWORT

Dieses Buch und die darin enthaltenen Übungen, Aufgaben, Tipps und Hinweise dienen ausschließlich dazu, dir eine gute und bessere Zeit auf dem Wasser zu bieten. Sicherlich gibt es diejenigen die sagen, „Einen SUP-Kurs brauche ich nicht! – Das ist einfach, das kann ich auch ohne Anleitung!" Richtig, SUPen ist einfach, zum Glück! Dies lässt sich gut daran erkennen, dass in den letzten Jahren die Verkaufszahlen von SUP-Boards kontinuierlich gestiegen sind.

Aber, Joggen und Wandern ist ebenfalls einfach, diese Art der Bewegung ist uns gewissermaßen in die Wiege gelegt worden. Trotzdem gibt es jede Menge Ratgeber und Hilfestellungen, wie es besser, gesünder und einfacher geht.
Genau darum geht es in diesem Buch! Ich möchte euch aufzeigen, wie es möglich ist einfacher und effektiver von A nach B zu SUPen. Was es zu beachten gibt, um eine gute und effiziente Zeit auf dem Wasser zu haben.

Dieser Leitfaden belehrt dich nicht und ist kein allumfassendes Regelwerk, dass dazu dienen soll dich in eine Form zu pressen. Die im folgenden beschriebenen Übungen, Paddeltechniken und Tipps stammen aus meiner langjährigen Erfahrung im Stand Up Paddling und haben sich im Laufe der Jahre sehr bewährt.
Viele Punkte in diesem Buch dienen ebenfalls als Ideengeber und zum Ausprobieren von neuen Übungen, um zu einem guten und besseren Boardgefühl zu kommen. Schließlich geht es um ein angenehmes und entspanntes Empfinden, was logischerweise zu einer gesünderen Zeit auf dem Wasser führt.

Somit soll dieses Buch alle ansprechen: Jene die gerade die ersten Paddelschläge machen, genauso wie die erfahrenen SUPer, die sich weiterentwickeln möchten.

In diesem Sinne, Auf gehts

DANKSAGUNG

Die Idee zu einem SUP-Technik-Buch kam mir natürlich beim SUPen in den Sinn. Die Frage lautete also, wie lässt sich das Thema umsetzten, so dass es (relativ) einfach nachzuvollziehen ist...?

Es folgten zahlreiche Versuche auf, neben, über und unter Wasser die passenden Bilder zu erzeugen. Ideen mussten gesammelt, teils verworfen, sortiert und umgesetzt werden. Genauso brauchte es fähige und fitte SUPer die geduldig und professionell, immer wieder die gleichen Manöver paddelten.

Deshalb geht mein herzlichster Dank an Simone Thiess und Matthias Hartrott! Ohne euch wäre es nicht möglich gewesen dieses Buch zu erstellen.

Vielen Dank für eure Geduld, eure konstruktive Meinung, Top-Verbesserungsvorschläge und für eure Zeit.

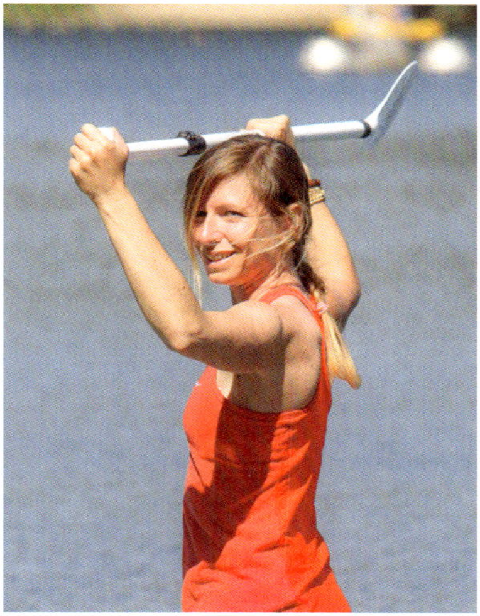

Simone Thiess

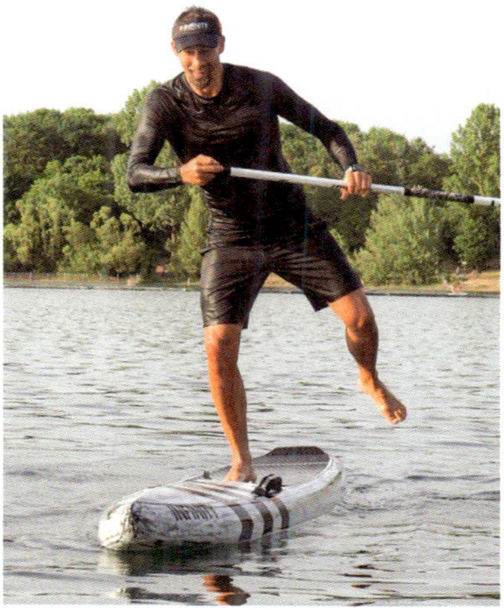

Matthias Hartrott

HANDHABUNG DES BUCHES

Das Buch unterteilt sich in drei Bereiche. Zuerst wird das Thema SUP-Grundkurs behandelt, bei dem die Grundlagen für das sichere SUPen vermittelt werden. Darauf aufbauend gibt es den Kurs für Fortgeschrittene SUPer, bei dem es vorrangig um effiziente Paddeltechnik und effektive Manöver geht. Am Ende werden verschiedene Übungen zur Verbesserung des Boardgefühls und der Paddeleffizienz vermittelt.

Die Paddelschläge und Übungen werden jeweils Schritt für Schritt erklärt und oft aus verschiedenen Perspektiven dargestellt, um ein besseres Verständnis für die Umsetzung zu erzielen. Ebenfalls gibt es viele Hinweise und Tipps die als Hilfestellung dienen.

Wesentlich beim Üben ist, dass jede Übung einzeln angegangen wird und nicht alle Paddelzüge gleichzeitig erlernt werden sollen. Ebenfalls ist es sehr ratsam, dass jede Aufgabe langsam und ohne Kraftanstrengung erlernt wird, um eine besseren Lernerfolg zu erzielen.

Noch eins bevor es losgeht! Nicht alle Übungen und Techniken in diesem Buch müssen gekonnt werden und es macht überhaupt nichts, wenn das Gleichgewicht mal verloren geht... Wichtig ist dann nur, wieder auf das Board klettern und weiter machen.

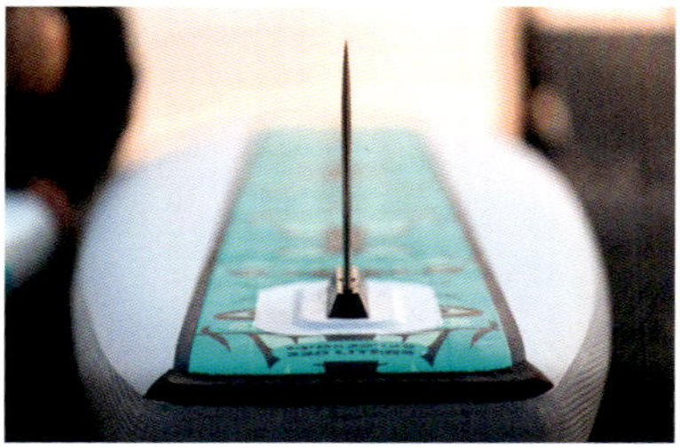

Ohne Finne geht es nicht geradeaus.

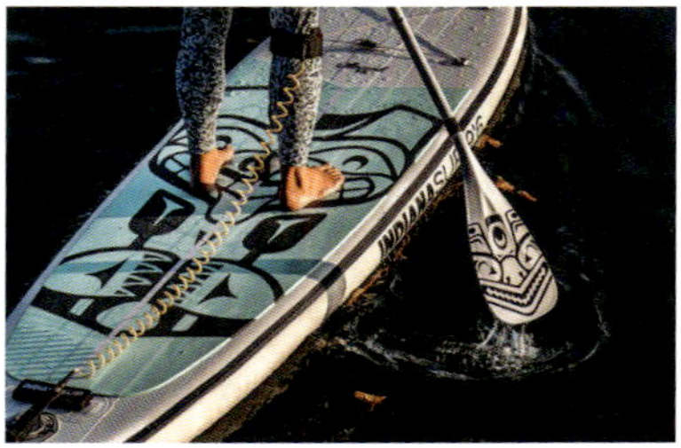

Für die Sicherheit - die Leash.

FREMDWÖRTER AUF UND NEBEN DEM BOARD

VERSCHIEDENE FACHBEGRIFFE BEIM STAND-UP-PADDLING

Board-Bag	Tasche für das SUP-Board
Blade	Ist vom Blade die Rede, dann ist damit das Paddelblatt gemeint.
D- oder O-Ring	Metallring, dient zur Befestigung des Boards mithilfe eines Seils, z. B. an einer Boje.
Deckpad (Foodpad)	Rutschfeste Standfläche auf der Oberseite des Boards.
Downwinder	SUP-Rennen oder -Tour mit starkem Wind im Rücken.
Drop-Stitch	Der innere Aufbau eines aufblasbaren Boards.
Dry Bag	Wasserdichte Tasche zum Verstauen von Proviant, Kleidung und Zubehör.
EVA	Weicher Kunststoff für Deck- und Footpads.
FCS	»Fin Control System«, Befestigungssystem für Finnen.
Finne	Kleines Schwert im Heckbereich, welches dem Board zum Geradeauslaufen verhilft.
Fuß	Maßeinheit, 1‘ (Fuß) entspricht 30,5 cm.
Handle	Dient zum Tragen des Boards und bezeichnet ebenfalls das obere Griffstück eines Paddels .
Inch	Maßeinheit, 1“ (Inch) entspricht 2,54 cm.
ISUP	Inflatable SUP Board (aufblasbares SUP-Board).
Kickpad	Keilförmige Erhöhung am Heck des Boards, dient der Trittsicherheit.
Leash	Leine zwischen SUPer und Board.
Nose	Die Nase oder Spitze des Boards.
Pivot-Turn	Enges Wendemanöver.
PSI	Pound per Square Inch, Maßeinheit für den Luftdruck.
Rail	Werden die seitlichen Ränder des Boards genannt.
Rocker	Biegung des Boards, vorne und hinten.
Schaft	Ist der Teil des Paddels, zwischen Paddelblatt u. Paddelgriff.
Shape	Als Shape wird die Gesamtform eines Boards bezeichnet.
SUP-Instructor	Ausgebildeter SUP-Lehrer.
Tail	Das Heck, befindet sich am hinteren Ende des Boards.
US-Box	Standarisiertes Finnensystem.
Volumen	Wird meist in Liter angegeben. Der Auftrieb eines Boards hängt vom Volumen ab.

VORBEREITUNG

Um erfolgreich die beschriebenen Übungen zu erlernen und umzusetzen gibt es einige grundlegende Dinge die für alle Aufgaben gelten.

» Das gewählte Material sollte passen. Dies bedeutet, dass das ausgewählte Board zum Paddler passen muss. Ein zu schmales Brett, welches schon kipplig ist, wenn darauf nur gekniet wird, ist sicherlich zum Üben von Manövern nicht geeignet. Ebenfalls sind Boards nicht geeignet, die nicht die nötige Traglast und Steifigkeit mitbringen. Gleiches gilt für das Paddel. Ein Paddel welches nicht die richtige Länge hat und möglicherweise noch übergewichtig ist, weil sich der Schaumkern im Aluminium-Schaft vollgesogen hat, ist für entspanntes Üben keine Option.

» Es sollte das Board und Paddel genutzt werden, mit dem langfristig gepaddelt wird. Die Boardlänge- und breite spielt immer eine entscheidende Rolle, wie eine Übung ausgeführt wird und wie schwierig es ist dieses umzusetzen. Beispiel: Ein 14“ langes Race-Board lässt sich schwerer mit einem Bogenschlag manövrieren, als ein Allrounder mit einer Länge von 10´6. Dafür hat das Race-Board einen besseren Geradeauslauf als das kürzere Board.

» Gute Bedingungen spielen ebenfalls eine große Rolle für ein erfolgreiches Training. Das Wasser sollte möglichst ruhig sein, je weniger Wellen desto einfacher werden die Übungen. Gleiches gilt für den Wind, je weniger desto besser.

» Für den einen oder die andere sind Zuschauer nicht unbedingt hilfreich, gerade wenn die eine oder andere Schwimmeinlage anstehen könnte. Daher lieber einen ruhigen, verdeckten Platz aufsuchen, an dem entspannt geübt werden kann.

» Die Wahl der richtigen Bekleidung ist ebenfalls nicht ganz unwichtig. Genug Bewegungsfreiheit sollte vorhanden sein. Genauso sollten die Sachen einen kurzen Aufenthalt im Wasser verkraften können.

» Bei längeren Übungen bietet es sich an, passende Getränke und einen Snack mitzunehmen.

» Bei größeren Gewässern und/oder der Möglichkeit aufkommender Winde (z.B. bei Wärmegewitter) sollte eine Leash angelegt werden.

>> Bei mehr als einem Paddler hat es sich im Vorfeld als positiv rausgestellt, dass die anstehenden Übungen im Vorfeld untereinander besprochen werden. Dies ist hilfreich um die Verwirrung klein zu halten und für eine gegenseitige „Kontrolle" der Übungen von außen.

>> Wichtig! Einer der wesentlichsten Dinge ist, dass der Spaß an den Übungen im Vordergrund steht. Am Ende des Tages wird es keine Prüfungen geben, keiner wird kommen und aufzählen wie oft man vom Board gefallen ist oder was alles nicht geklappt hat. Es geht ausschließlich um eine gute Zeit auf dem Wasser!

EXPERTEN TIPP

Dieses Buch mit auf das Board nehmen, um die Vorgehensweise für die jeweiligen Übungen nachlesen zu können. Ein Waterproof-Bag ist in diesem Fall empfehlenswert.

WARNUNG UND HAFTUNGSAUSSCHLUSS

>> Bei jeglichen Übungen, Trainingseinheiten und SUP-Touren gilt es Rücksicht auf die Natur, andere Wassersportler und die (eventuelle) Schifffahrt zu nehmen. Dies gilt besonders, wenn konzentriert geübt oder trainiert wird und die Gefahr besteht, dass die Umwelt um einen herum nicht mehr komplett wahrgenommen wird.

>> Jeder SUPer muss selbstständig entscheiden, welche Übungen wann, wie und wo durchgeführt werden. Dies bedeutet, dass jeder nach seinem Wohlbefinden entscheiden muss, welche Anstrengungen er sich zutraut.

>> Jegliche in diesem Buch beschriebenen Übungen, Tipps und Manöver sind nach bestem Wissen und Gewissen beschrieben worden. Eine Haftung für eventuelle Fehler, Materialbeschädigungen oder möglichen Verletzungen wird zu keiner Zeit übernommen.

>> Der Autor ist dankbar für konstruktive Hinweise und Verbesserungsvorschläge. Diese können in der nächsten Auflage berücksichtigt werden.

GRUNDKURS

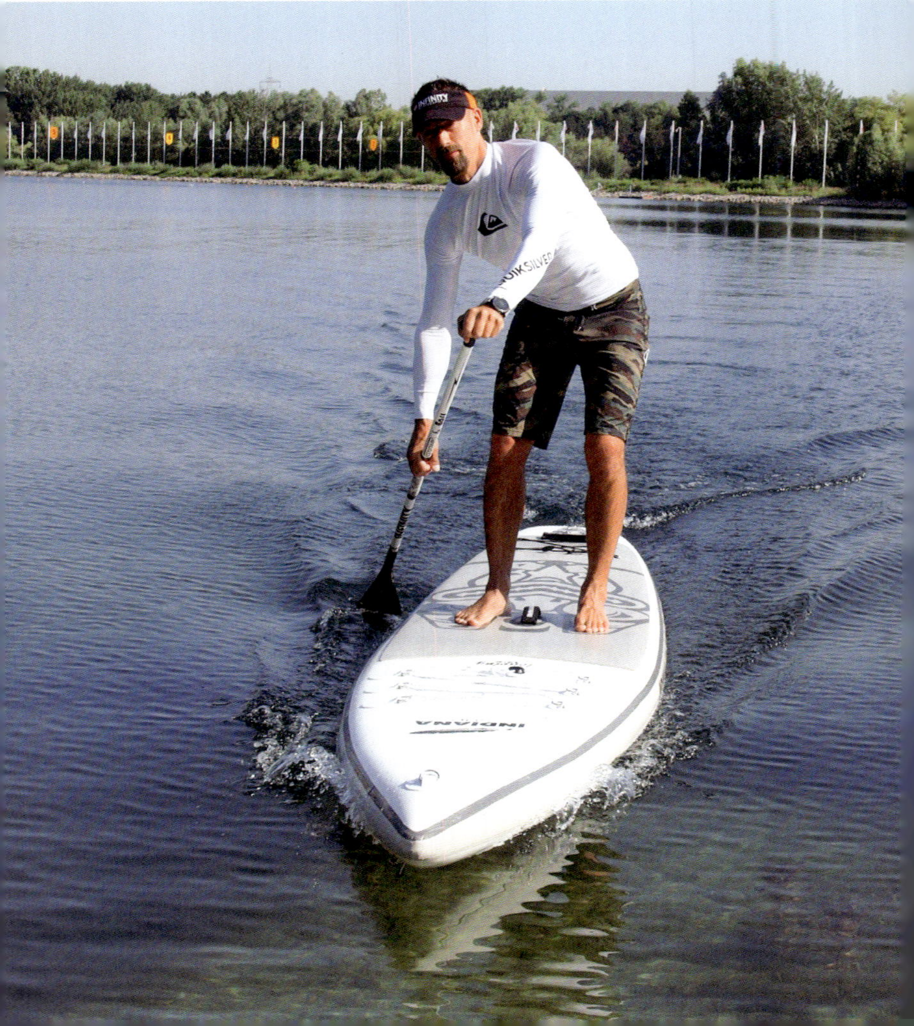

Das Ziel des Grundkurses ist, die ersten Schritte zu vermitteln, um gut von A nach B und zurück nach A zu SUPen. Dabei geht es nicht um Perfektion, sondern darum sicher und ohne viel Aufwand die ersten Stunden auf einem SUP-Board zu verbringen.

Der Grundkurs hilft, besonders am Anfang der SUP-Karriere, die einfachen Grundschläge und leichten Manöver zu verinnerlichen. Gerade zu Beginn des SUPen ist es wichtig, dass die Bewegungsabläufe stimmig sind, ein späteres umlernen oder verändern eingefahrener Abläufe ist oft schwer.

Gerade am Anfang ist es wichtig, sich nicht unter Druck zu setzten oder setzen zu lassen. Jede Übung, jeder Paddelschlag wird effektiver erlernt, wenn er mit Ruhe und bedacht ausgeführt wird. Hinzu kommt, dass einem das Material (Board & Paddel) erst vertraut werden muss. Erst wenn erfahren oder besser erpaddelt wurde, wie das Board auf welche Bewegungen und Paddelschläge reagiert, wird Vertrauen aufgebaut. Daraus resultiert das nötige Selbstbewusstsein für weitere anspruchsvollere Übungen.

EXPERTEN TIPP

Wenn du dich angespannt fühlst oder leicht verkrampft bist, macht es Sinn vor dem Start ein paar Lockerungsübungen zu machen und den Kreislauf in Schwung zu bringen. Das Gleiche gilt natürlich ebenfalls, wenn du vom Start an direkt eine höhere körperliche Belastung planst, dann solltest du dich aufwärmen und die Muskulatur aktivieren.

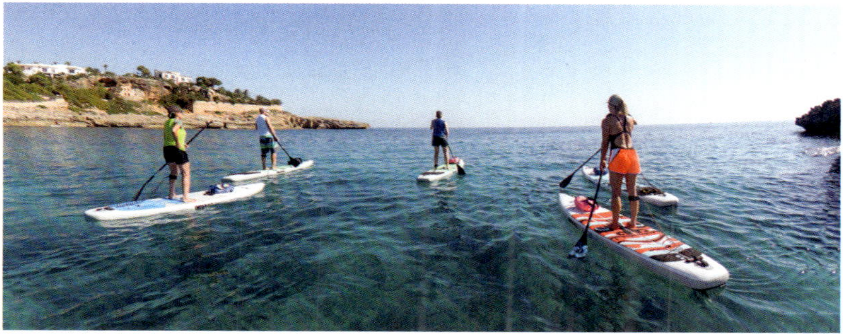

ERSTE SCHRITTE

ALLES RUND UM DEN RICHTIGEN GRIFF

PADDELLÄNGE EINSTELLEN

ALLGEMEIN:

Die korrekte Paddellänge ist nötig, um entspannt und mit einer gesunden Körperhaltung zu SUPen.
Ein zu kurzes Paddel führt dazu, dass die Paddelschläge sehr kurz sind und der Oberkörper eine ungesunde krumme Dauerhaltung einnimmt.
Ein zu langes Paddel, erschwert es genug Druck auf das Paddelblatt zu bekommen und begünstigt das „Paddelflattern".
Bei der Einstellung der Paddellänge spielt die Dicke des Boards ebenfalls eine Rolle. Je dicker das Brett, desto länger sollte das Paddel sein. Da sich logischerweise der Abstand zum Wasser vergrößert.

DIE RICHTIGE PADDELLÄNGE

Das Paddel seitlich und senkrecht neben den Fuß auf den Boden stellen und den Arm locker in den Himmel strecken. Der Paddelgriff (Handle) sollte dann ungefähr bis zum Handgelenk reichen (Bild 1)
Oder das Paddel senkrecht vor die Füße stellen und mit der ausgestreckten Hand den Paddelgriff (Handle) umschließen (Bild 2).

HINWEIS: Die so ermittelten Paddellängen sind ein ungefährer Richtwert. Beim SUP-Surfen sollte das Paddel für ein besseres Handling kürzer sein. Für lange Paddelzüge (niedrige Schlagfrequenz) sollte das Paddel länger sein, um eine bessere Hebelwirkung zu erreichen.
Die Länge lässt sich nur bei mehrteiligen Paddeln variabel verstellen. Einteilige Paddel werden individuell auf den jeweiligen Paddler und die entsprechende Paddelart (Race, Welle, etc.) gekürzt.

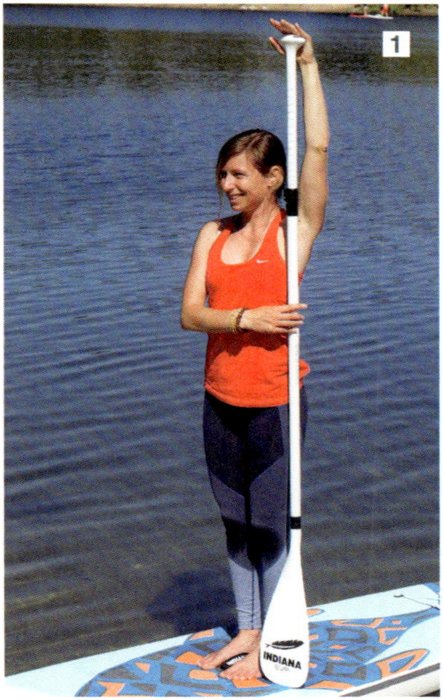

Paddel neben den Füßen.

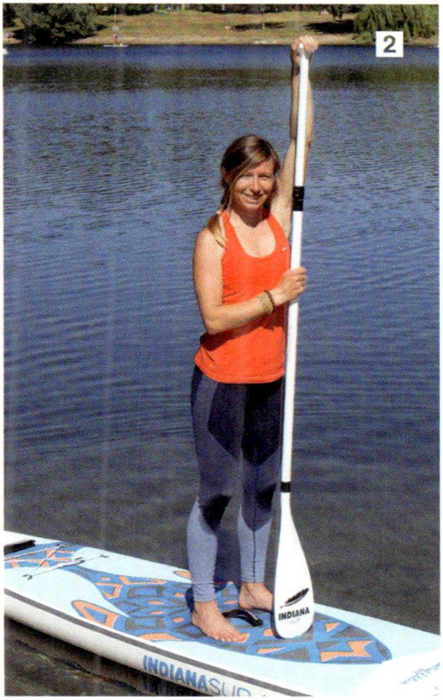

Paddel vor den Füßen.

EXPERTEN TIPP

Bei mehrteiligen Paddeln eine sichtbare Markierung am Paddel anbringen (Wasserfester Stift, Klebeband, etc.) um die immer gleiche Länge schnell und bequem einstellen zu können.

Die Klemm- Spannvorrichtung bei mehrteiligen Paddeln nur im „zusammengebauten" Zustand nachziehen, um ein Verziehen des Paddelschaftes und eine Überbelastung der Klemme zu vermeiden.

HANDLE & PADDELSCHAFT

HANDLE

ALLGEMEIN

Der Paddelgriff (Handle) dient zum Führen des Paddelblattes durch das Wasser, da nur mit dem Paddelgriff das Blade effektiv gesteuert und gedreht werden kann. Zum anderen unterstützt die obere Hand den gesamten Paddelzug, z.B. beim Grundschlag. Die Hand sollte den Griff locker umschließen und sich „gut anfühlen“

HINWEIS: Es gibt verschiedene Griffformen, z. B. den Knauf (runde Ausarbeitung) oder den T-Griff (schlichte, längliche Form (ohne Abb.).

Nicht jeder Paddelgriff passt zu jeder Handgröße, daher muss vor dem Erwerb eines Paddels ausprobiert werden, welches Paddel zu welcher Hand passt.

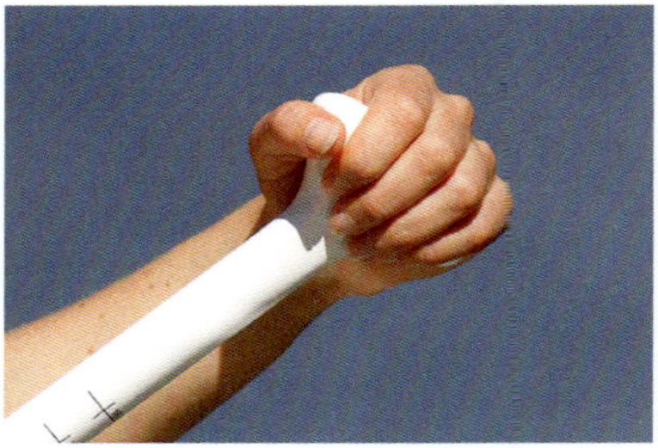

Die gesamte Hand umschließt...

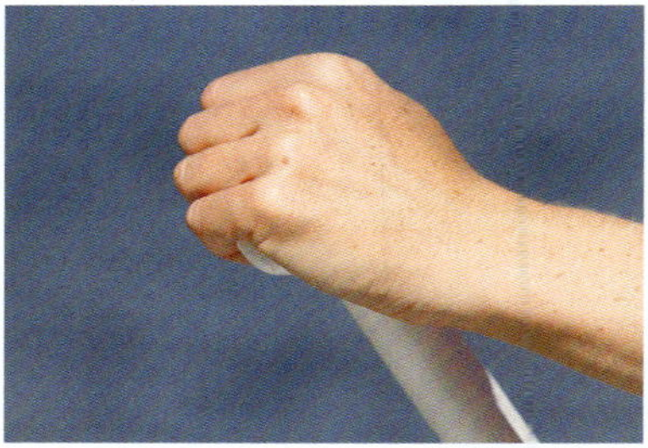

...den Paddelgriff, ohne...

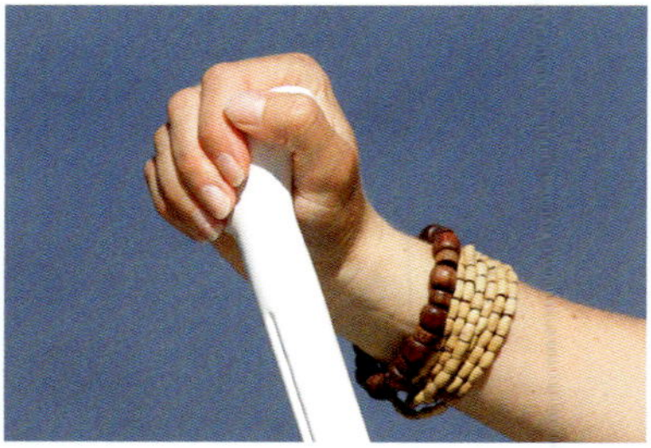

...Anspannung und Druck.

SCHAFT

ALLGEMEIN

Der Schaft eines Paddels ist der Teil zwischen Paddelblatt und Paddelgriff. Beim SUPen befindet sich die untere Hand immer am Schaft und dient zum einen der Paddelführung und zum andern der Übertragung der Zugkraft.

Der Schaft soll immer mit der gesamten Hand und allen Fingern umschlossen werden. Dies ist für eine optimale Kraftübertragung von großem Vorteil. Durch das „Abspreizen“ des kleinen Fingers und des Ringfingers ist ein längerer Paddelzug einfacher, aber nicht effektiver.

HINWEIS: Paddelschäfte (Paddel) gibt es aus verschiedenen Materialien und unterschiedlichen Durchmessern. Es gilt ebenfalls die Empfehlung, vor Erwerb eines Paddels, dies zu testen.

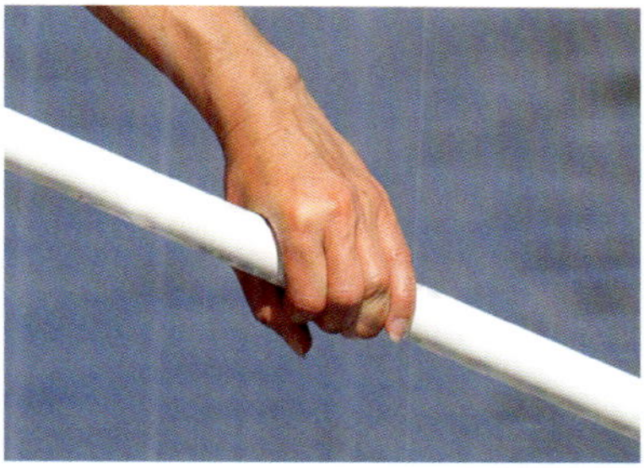

Zu lockere Paddelhaltung.

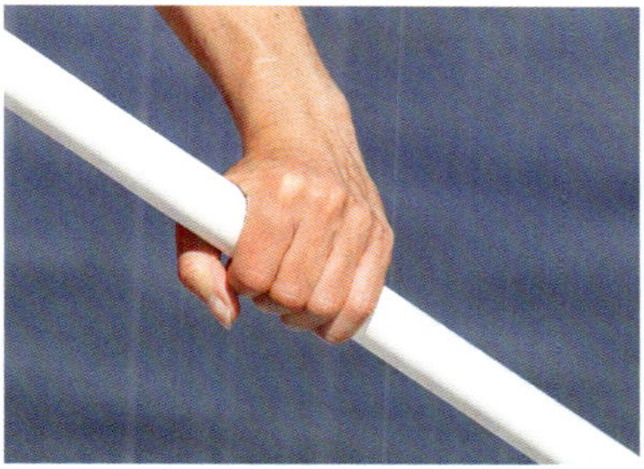

Gut umschlossener Paddelschaft.

EXPERTEN TIPP

Beim Paddeln ist es sehr sinnvoll nur dann Druck und Kraft auf den Schaft und Paddelgriff auszuüben, wenn das Paddel unter Belastung (Zug) ist. Das heißt, dass in der übrigen Zeit das Paddel locker in den Händen geführt werden sollte. Dies verhindert, besonders am Anfang, die Bildung von Blasen an den Handinnenseiten. Der Paddelgriff und der Paddelschaft sollten immer fettfrei sein. Ein z.B. mit Sonnencreme behandelter Paddelgriff lässt sich nur schwer kontrollieren und erhöht den Energieaufwand.

GRIFFWEITE

ALLGEMEIN:

Die Weite zwischen der oberen Hand (am Paddelgriff) und der unteren Hand am Paddelschaft, wird Griffweite genannt.
Bei einer zu kurzen Griffweite wird nicht genug Zugkraft auf das Paddelblatt übertragen. Das Paddelblatt lässt sich nicht ruhig und ohne „Flattern" (ungewollte seitliche Bewegung des Paddelblatt) durch das Wasser führen.
Eine zu große Griffweite führt zu einer krummen Körperhaltung, da der Oberkörper zu weit Richtung Wasser gebeugt werden muss.

FINDEN DER RICHTIGEN GRIFFWEITE

Die allgemeine Griffweite, also der Abstand zwischen der oberen Hand auf dem Griffstück und der unteren Hand am Schaft, lässt sich einfach ermitteln. Das Paddel über dem Kopf halten, sodass die Oberarme einen 90°-Winkel im Vergleich zu den Unterarmen bilden. Dieser Abstand sollte während des SUPens nur wenig verändert werden.

EXPERTEN TIPP

Wenn die richtige Griffweite ermittelt ist, kann mit Hilfe einer Markierung (z.B. ein schmaler Klebestreifen) am Paddelschaft die genaue Griffweite während des SUPens schnell ermittelt werden.

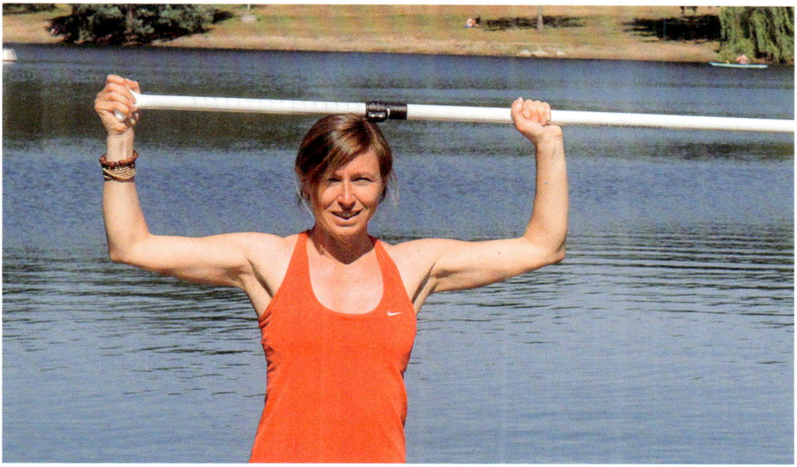

Griffweite: Die Unterarme bilden im Verhältnis zu den...

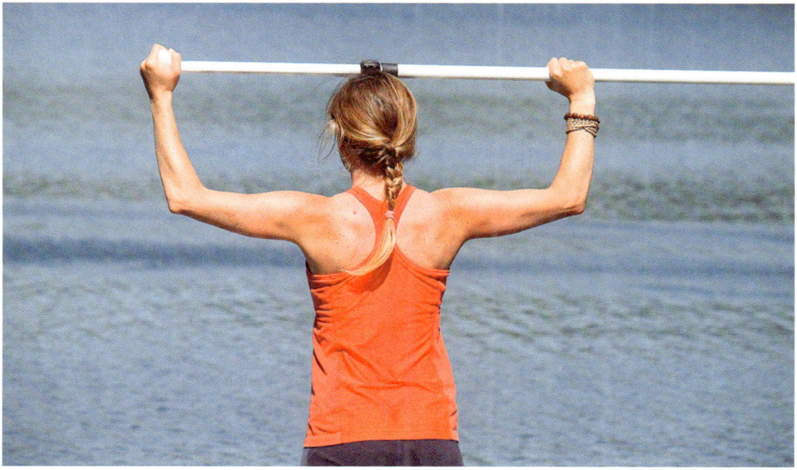

...Oberarmen einen (ungefähren) 90° Winkel.

AUF DAS BOARD VON EINEM STEG AUS

ALLGEMEIN: Bevor es auf das Board geht, prüfe vom Ufer aus die Platzverhältnisse auf dem Wasser und die Einstiegsmöglichkeiten (Rampe, Bootssteg, flaches Wasser, etc.).

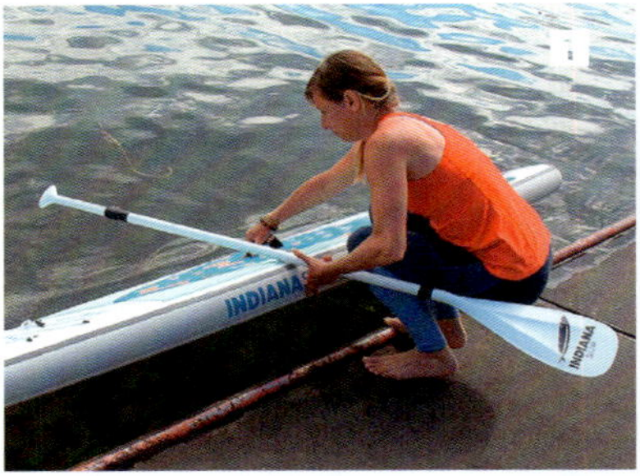

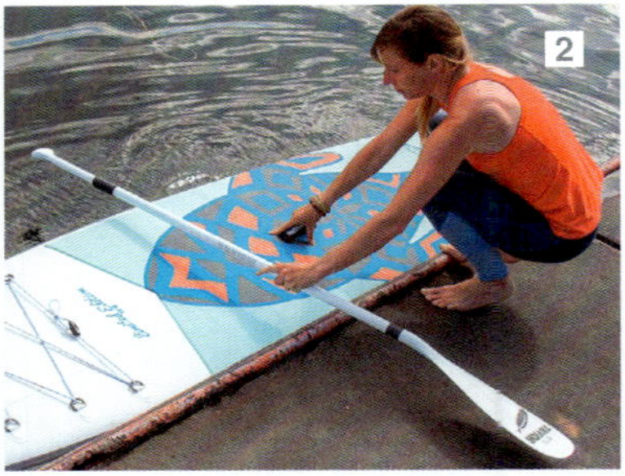

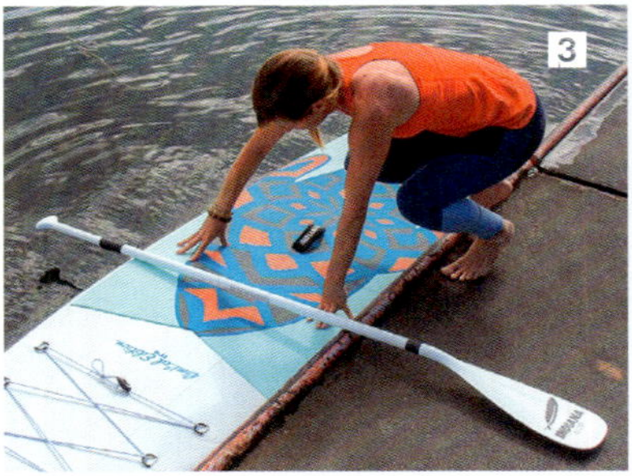

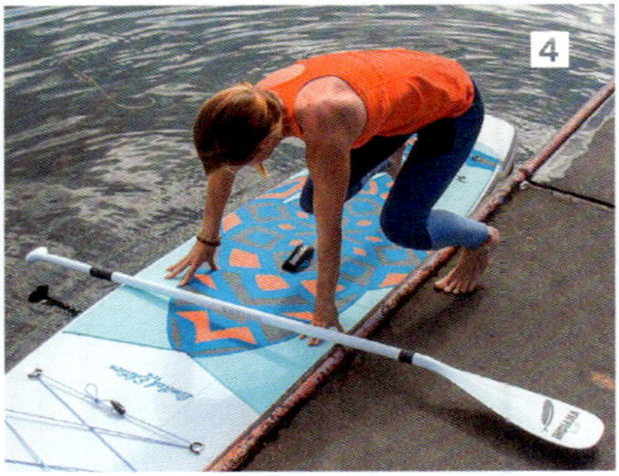

BEWEGUNGSABLAUF ››

Das Board auf das Wasser legen, dabei an die Finne denken **1** und das Board ausrichten, so dass es nicht abtreibt und den Steg nicht berührt. **2**

Das Paddel in Griffweite quer vor sich auf das Board legen und sich mit beiden Händen breit abstützen **3** und den Fuß, der dem Wasser zugewandt ist, auf das Deckpad setzten. **4**

Verschaffe dir einen Überblick über das Geschehen auf dem Wasser. Ist in den nächsten Minuten mit Wellen zu rechnen, gibt es andere Wassersportler die mir in die Quere kommen können, etc.

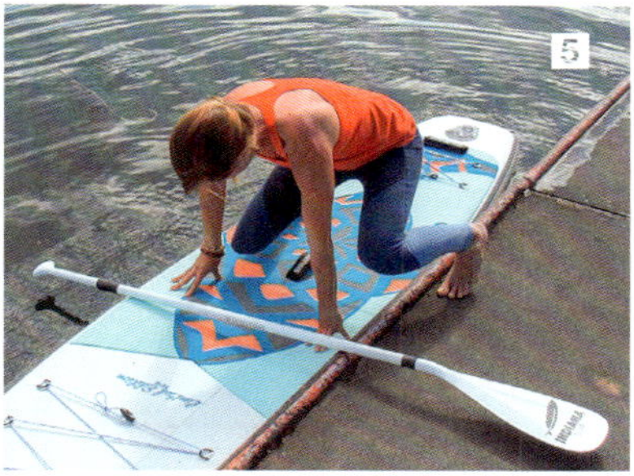

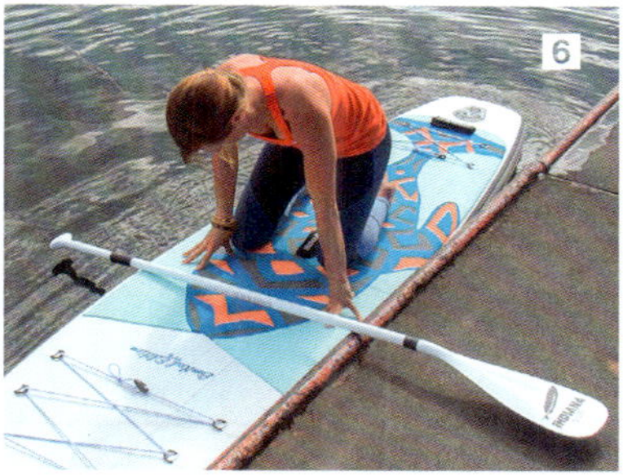

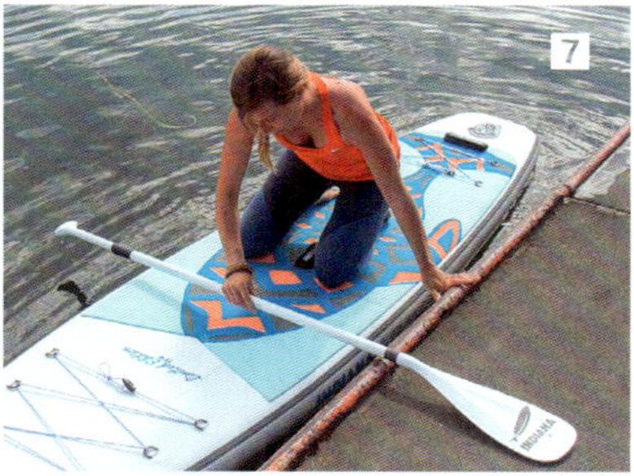

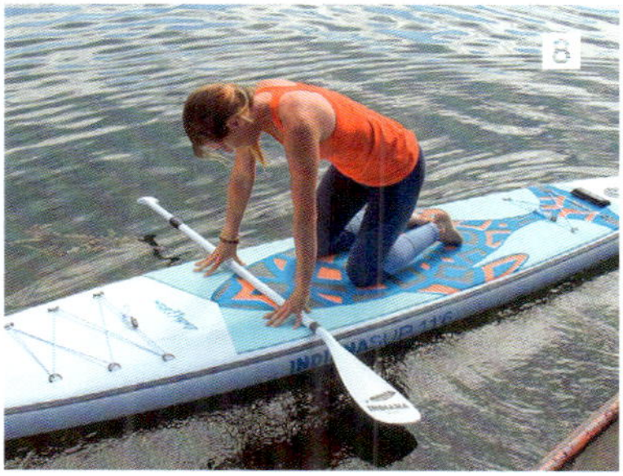

Weiterhin mit beiden Händen gleichzeitig abstützen und den anderen Fuß auf das Board setzen. 5 Dabei das Gewicht gleichmäßig kniend verteilen 6, vom Steg abstoßen und dabei das Paddel mitnehmen. 7

Vor dem Aufstehen unbedingt genügend Abstand zwischen Board und Ufer bringen. 8

HINWEIS: Bei dem Aufstieg auf das Board aus knietiefem Wasser ist der Bewegungsablauf genau der Gleiche, wie das Aufsteigen von einem Steg aus. Wichtig dabei ist, dass der Abstand zwischen Finne und Grund ausreichend groß ist. Ansonsten kann die Finne beschädigt werden und das Lospaddeln wird erheblich erschwert.

BEWEGUNGSABLAUF II »

Mit beiden Händen das Board stabilisieren 1, dann den äußeren Fuß auf die äußere Boardseite absetzen 2.

Dabei weiterhin das Board ausbalancieren 3, den anderen Fuß auf das Board stellen 4 und in der Mitte des Boards knien bleiben 5.

Vom Steg abstoßen und dabei das Paddel mitnehmen 6.

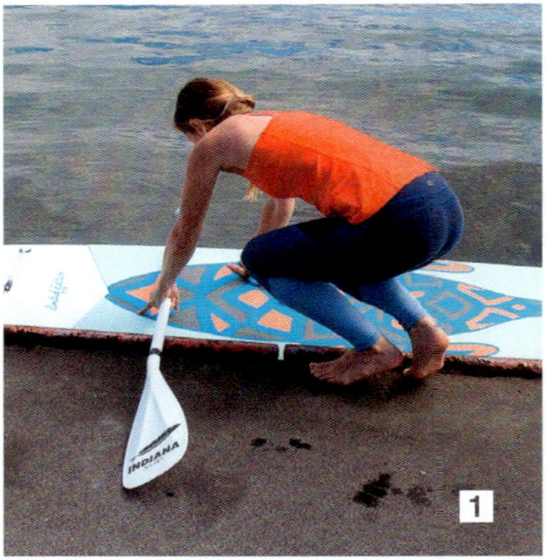

HINWEIS: Gerade für Einsteiger und unsichere Paddler ist es wichtig, nicht direkt am Ufer oder in der Nähe der Steganlage aufzustehen. Da bei einem Fall in flaches Wasser oder auf verbautes Ufer (z.B. eine Steganlage) eine hohe Verletzungsgefahr besteht.

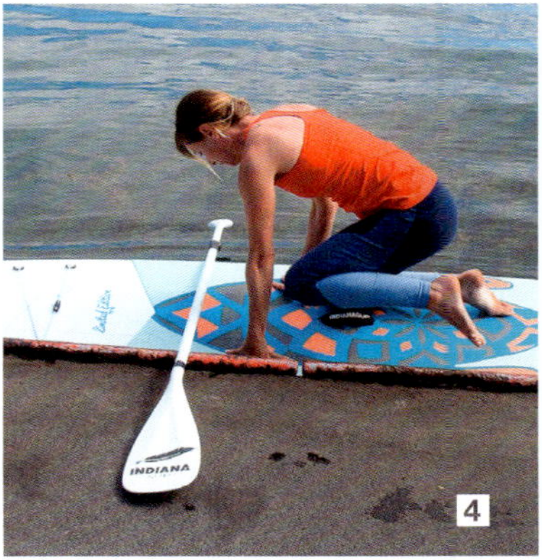

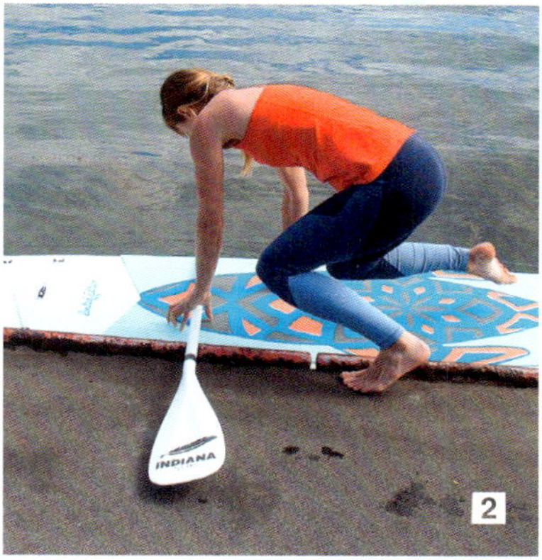
INDIANA
2

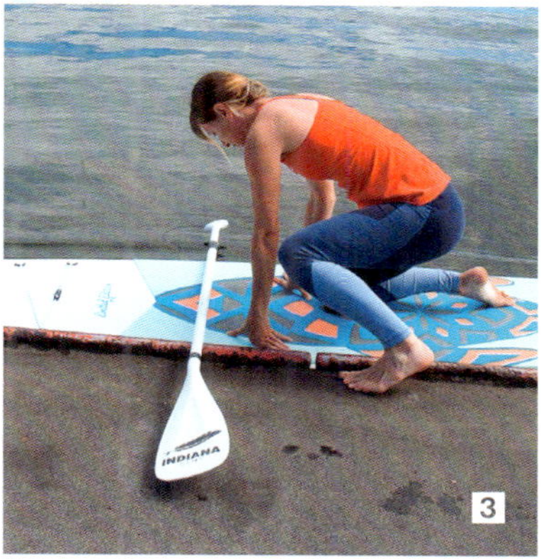
INDIANA
3

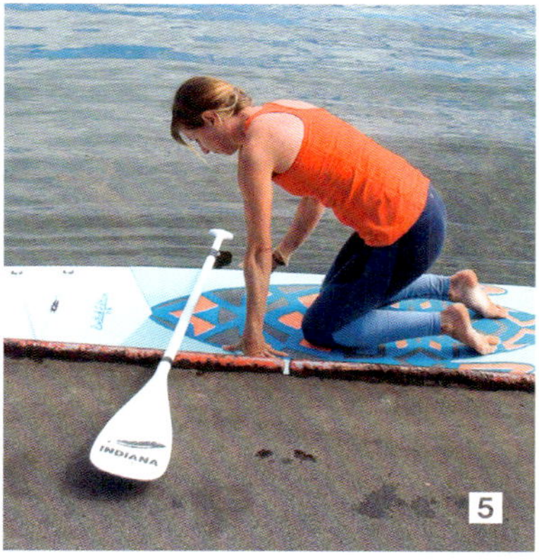
INDIANA
5

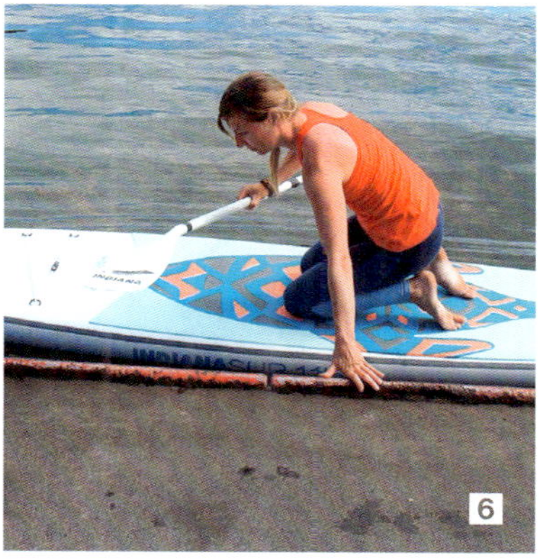
6

AUFSTEHEN AUF DEM BOARD

ALLGEMEIN: Bevor es in die Senkrechte geht, sollte geprüft werden, wie viel Platz dem SUPer rund um das Board zur Verfügung steht. Ein Blick auf mögliche anlaufende Wellen und weitere Wassersportler kann ebenfalls nicht schaden.

BEWEGUNGSABLAUF ››

Die Hände schulterbreit über dem Paddel positionieren **1**, den rechten oder linken Fuß neben die Griffschlaufe/-Mulde (bei den meisten Boards befindet sich in Position der Griffschlaufe/Griffmulde der Board-Schwerpunkt) setzen **2**, den anderen Fuß neben die Griffschlaufe setzen und dabei das Board ausbalancieren **3**.

Gleichmäßig aufrichten und dabei das Paddel mit beiden Händen hochnehmen **4**.

Das Paddel direkt in die Position zum paddeln bringen **5** und sofort los SUPen um das Board zu stabilisieren **6**.

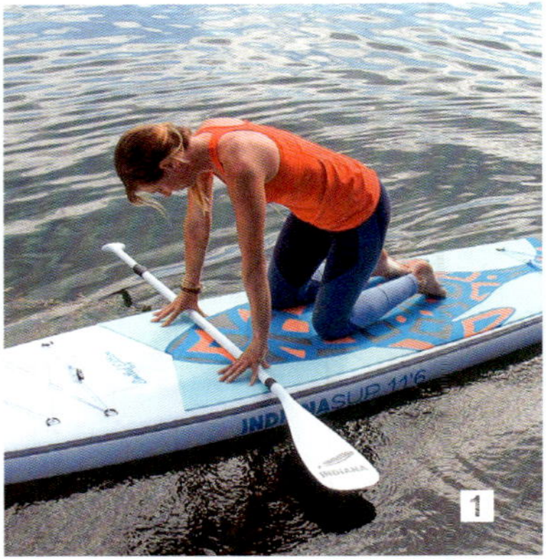

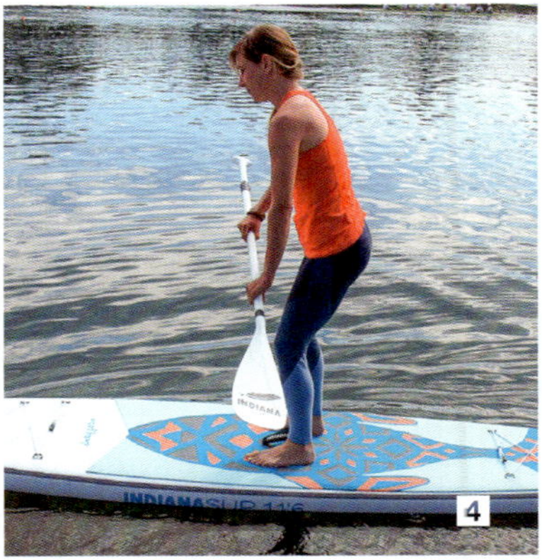

Beim Aufstehen ist es wichtig, dass das Körpergewicht immer gleichmäßig auf dem Board verteilt ist. Ebenfalls ist es einfacher, wenn beim Aufstehen direkt die richtige Standposition auf dem Board eingenommen wird. Ein „normales Laufen“ ist auf einem SUP-Board nicht möglich!

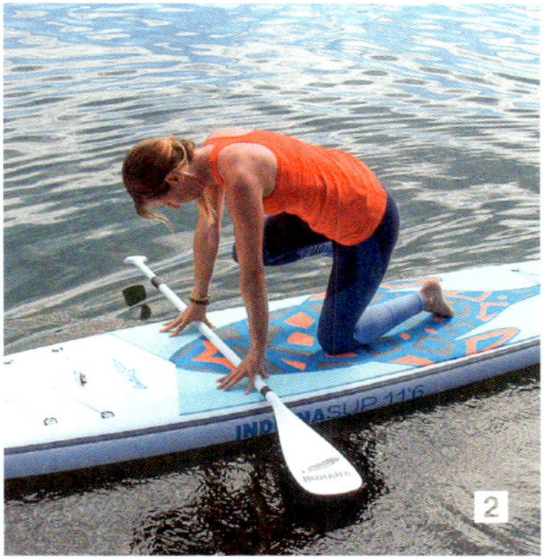

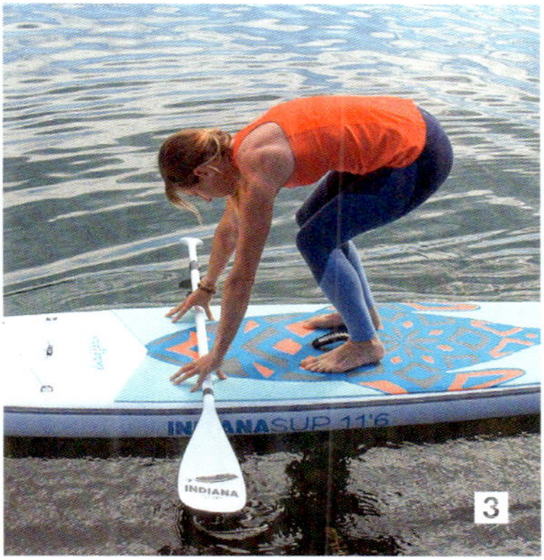

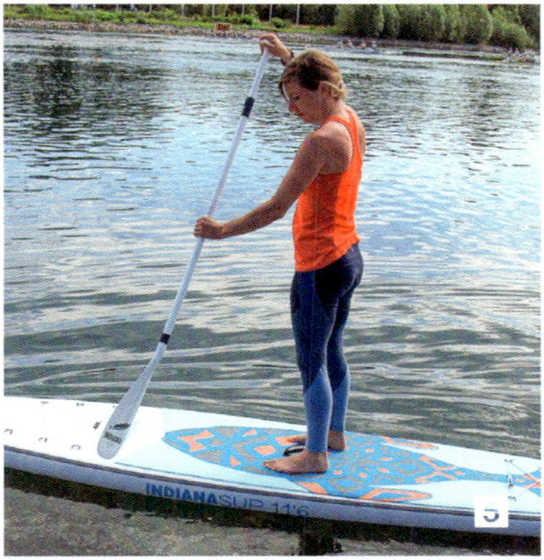

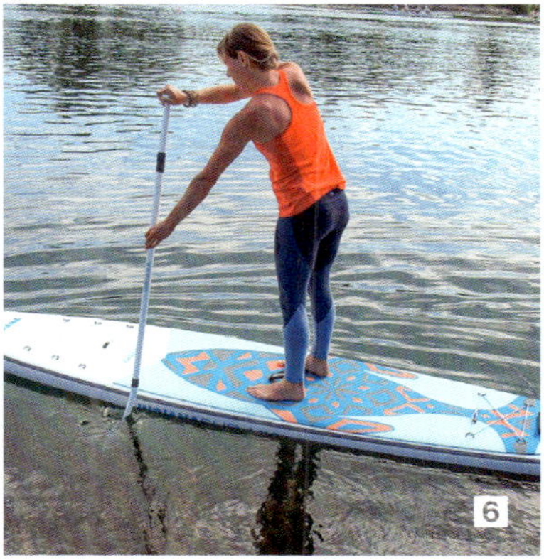

BEWEGUNGSABLAUF II »

Board ausrichten, Hände über das Paddel stellen und einen Fuß neben dem Griff positionieren **1**. Den anderen Fuß auf gleiche Höhe stellen, langsam aufrichten, dabei das Board mit den Händen im Gleichgewicht halten **2**.
Beim kompletten Aufrichten das Paddel mitnehmen **3** und direkt lospaddeln **4**.

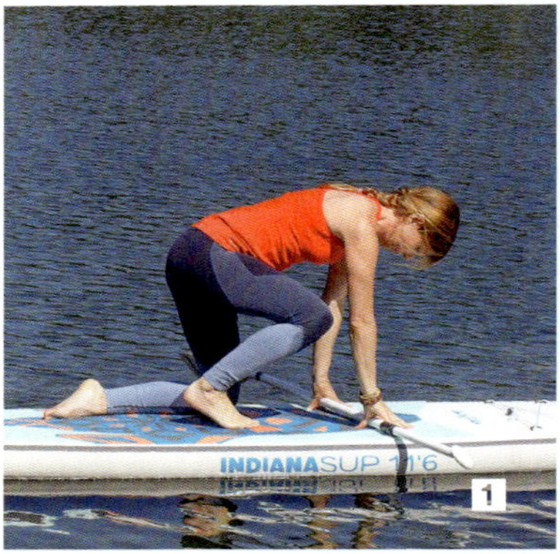

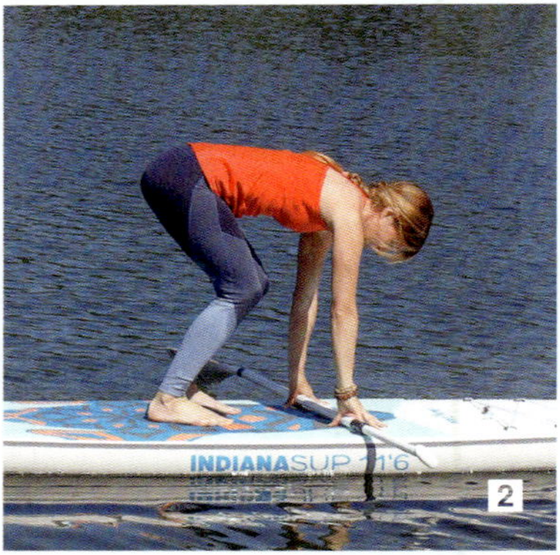

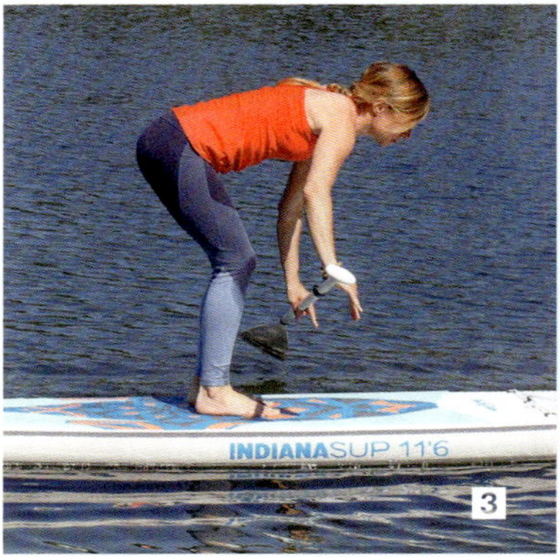

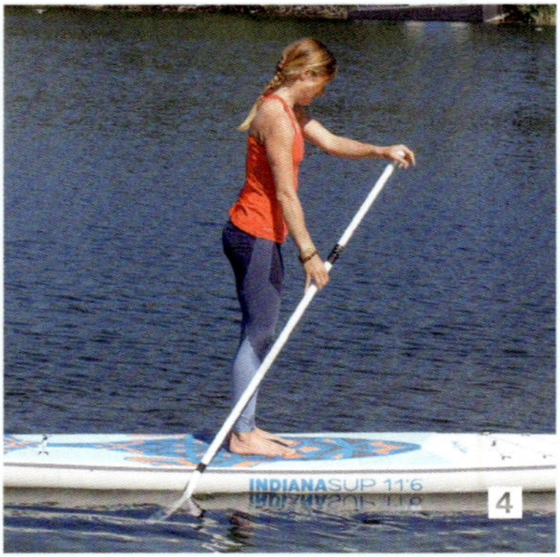

HINWEIS: Es macht wenig Sinn, nach dem Aufstehen das Board erst mal auszubalancieren, womöglich noch mit dem Paddel in der Luft. Ein Board in Bewegung liegt stabiler auf dem Wasser und ein Paddelzug (Kontakt zum Wasser) stabilisiert ein Board samt SUPer ebenfalls.

EXPERTEN TIPP

Beim Positionieren der Füße direkt die gewünschte Standposition wählen. Z.B. schulterbreit, mittig über der Griffschlaufe/Griffmulde.

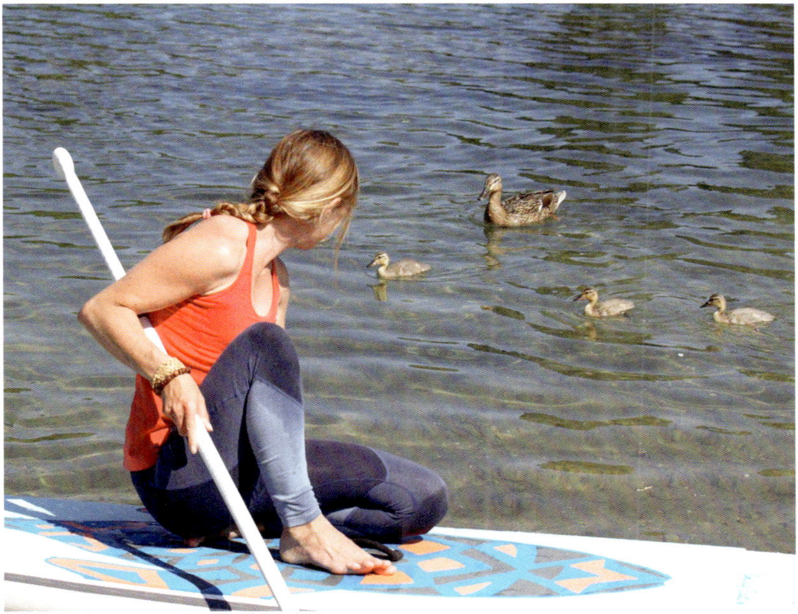

Bevor es losgeht mit dem SUPen, Vorfahrt gewähren.

GRUNDSTELLUNG AUF DEM BOARD

ALLGEMEIN: Wo soll ich stehen? Am Anfang macht es Sinn, die Standposition nach der Boardmitte auszuwählen. Die meisten Boards haben eine Griffschlaufe (ISUPs) oder eine Griffmulde (Hardboards). Diese Tragevorrichtungen sind in der Regel mittig im Schwerpunkt des Boards platziert. Mit anderen Worten, in dem Bereich lässt es sich schonmal gut paddeln.

Wie weit sollen die Füße auseinander stehen? Ca. Schulterbreit ist für die meisten Bedingungen und Fahrweisen die erste Wahl. Ein zu breiter Stand, z.B. über die gesamte Boardbreite, mit dem Hintergedanken „dann stehe ich stabiler", ist für ein entspanntes SUPen nicht von Vorteil.

Die Knie sollten zu keiner Zeit vollständig durchgedrückt werden, sondern ganz leicht angewinkelt sein. Eine leichte Anspannung in den Oberschenkeln und Waden gibt ein besseres Boardgefühl und uwnterstützt das Gleichgewichthalten beim SUPen.

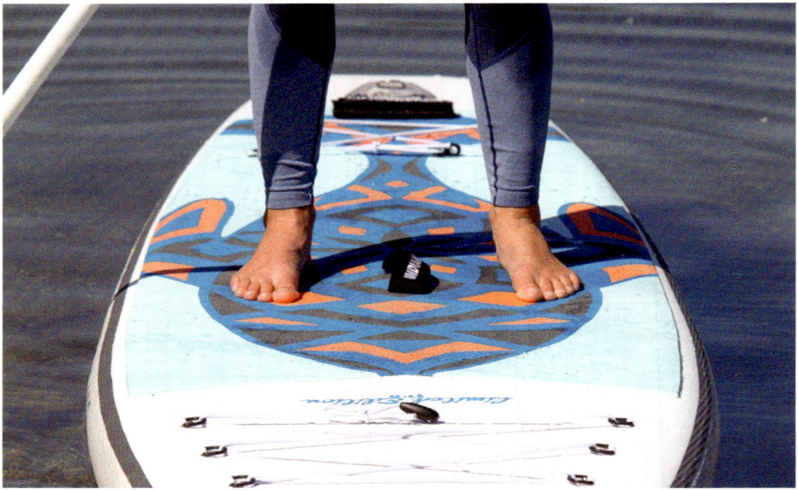

Schulterbreiter Stand auf Höhe der Griffschlaufe.

HINWEIS: Ein Standpunktwechsel, z.B. in Richtung Heck kann sinnvoll sein, wenn viel Gepäck (Gewicht) im vorderen Bereich des Boards mitgenommen wird.

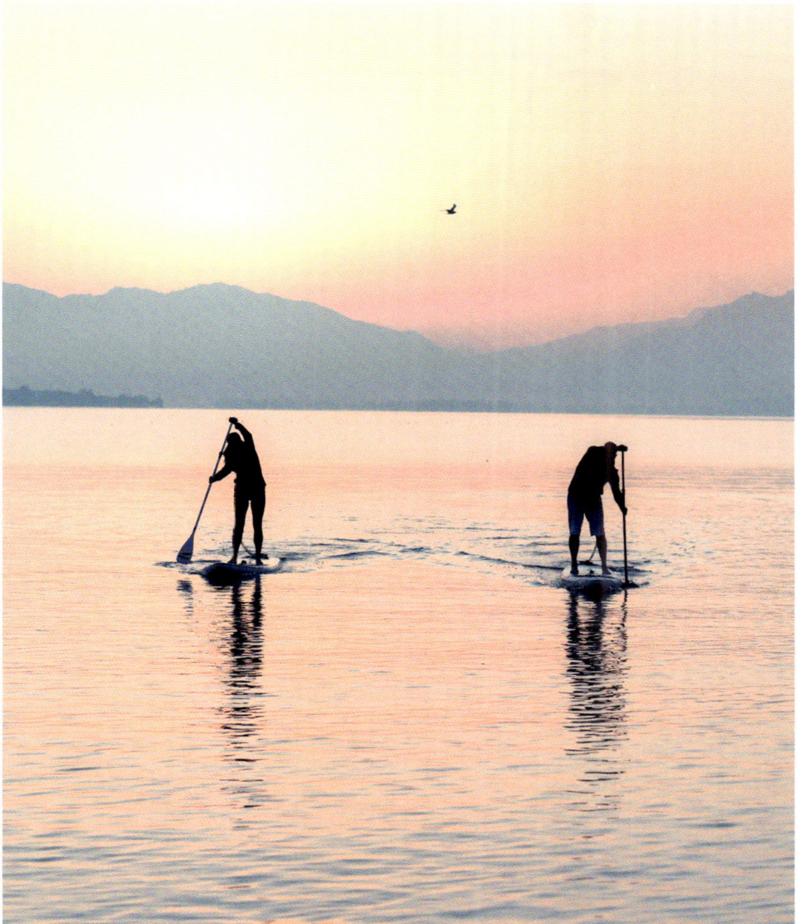

PADDELBLATT (BLADE)

ALLGEMEIN: Das abgewinkelte Paddelblatt zeigt immer und bei jedem Schlag nach vorne, um eine bessere Effizienz pro Paddelzug zu ermöglichen. Der Winkel hat den Vorteil, dass in der gesamten Eintauchphase des Paddels die Länge bzw.

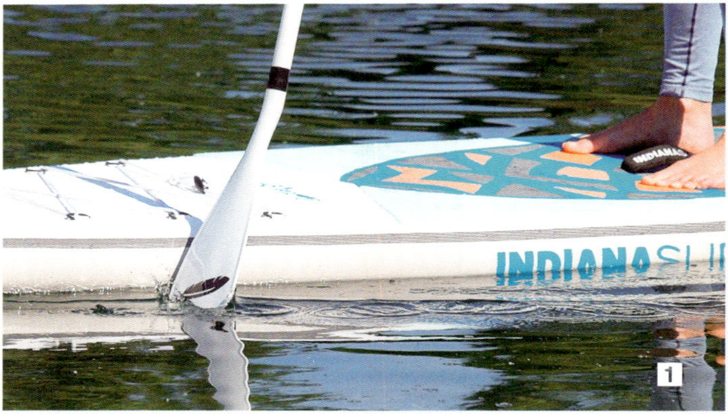

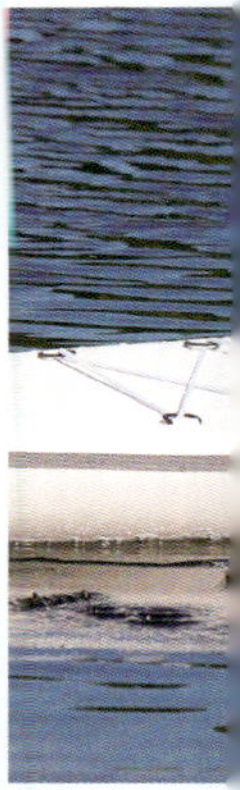

BEWEGUNGSABLAUF ››

Vorderer Einstechpunkt mit einem abgewinkelten Paddelblatt 1 + 2.

Vom Einstechpunkt 3 bis zum Endpunkt des Paddelzuges 4.

Bild 5 dient zur Verdeutlichung, wenn das Paddel gedreht ist, bzw. falschrum durch das Wasser geführt wird.

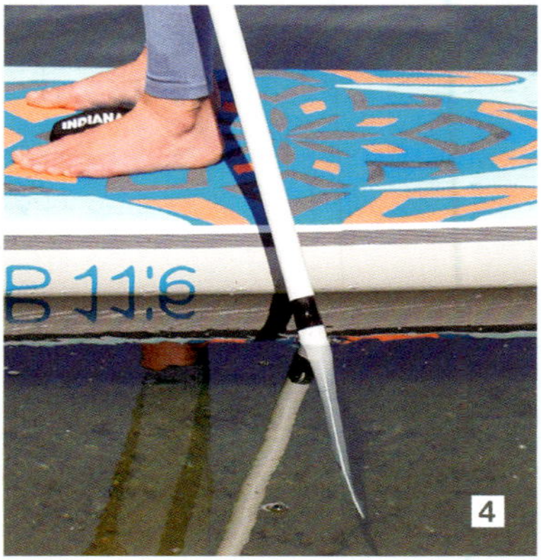

effektive Reichweite des gesamten Paddelschlages erhöht wird. Deshalb muss das Blatt nach vorne, in Fahrtrichtung, zeigen. Die Winkel können von sieben bis 14 Grad variieren.

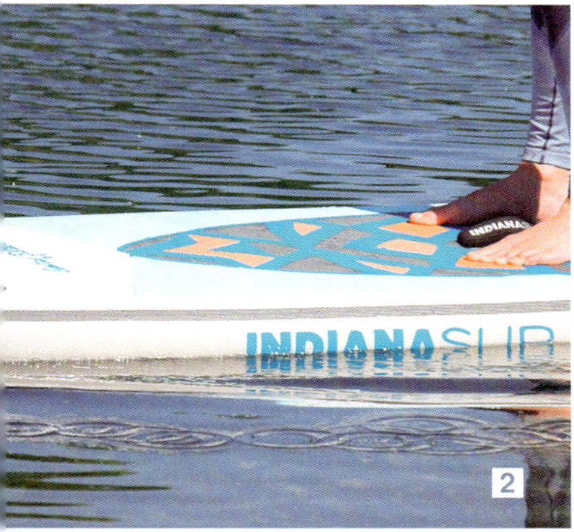

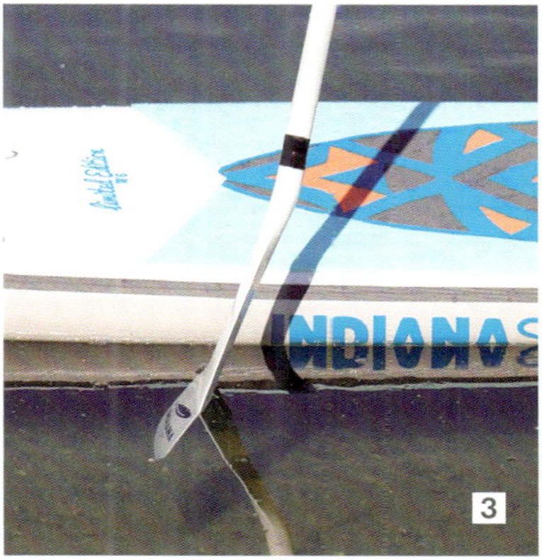

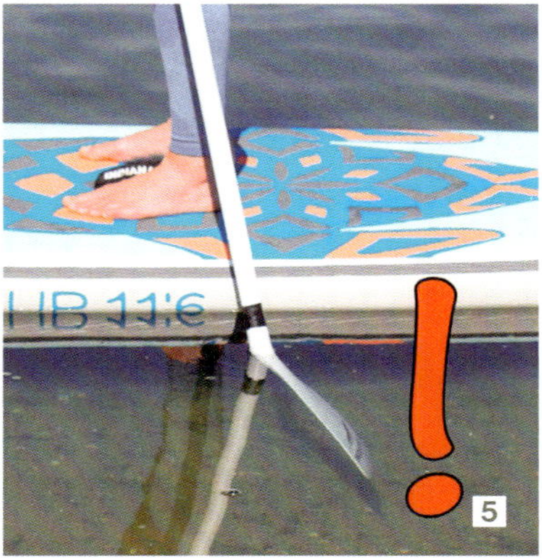

EXPERTEN TIPP

Um den Unterschied zu erfühlen gibt es folgende Möglichkeit. Das Paddel weit unten am Schaft greifen und mit nur einer Hand (!) durch das Wasser ziehen. Anschließend das Paddel drehen, den gleichen Zug wiederholen und schon lässt sich der Unterschied erleben.

GRUNDSCHLAG

ALLGEMEIN:

Welche Haltung auf dem Board eingenommen werden soll, ist abhängig von der Geschwindigkeit, die man fahren möchte. Beim gemütlichen und relaxten Cruisen ist eine entspannte Haltung kein Problem. Der Vortrieb kommt dabei ausschließlich durch die Armbewegungen zustande. Trotzdem ist eine gerade Körperhaltung auch beim relaxten SUPen kräfteschonender und gesünder. Beim schnellen und sportlichen SUPen gilt, dass die Zugkraft beim Paddelzug aus dem Oberkörper resultiert und die Arme die Bewegung unterstützen. Die Wirbelsäule ist dabei immer gerade und in keinem Fall gebogen. Wichtig ist, dass im gesamten Körper die Spannung gehalten wird. Je schneller ich fahren möchte, desto mehr gilt dieser Grundsatz.

GRUNDSCHLAG

Grundsätzlich gilt: Je steiler der Paddelschlag ausgeführt wird (senkrechte Paddelhaltung) und je näher das Paddel am Board entlanggeführt wird, desto geringer ist die Tendenz zur ungewollten Kurvenfahrt. Der Board-Typ sowie die Anzahl und die Größe der Finnen sind für den Geradeauslauf mit entscheidend. Boards mit einer langen Wasserlinie und einer großen Finnenfläche haben einen besseren Geradeauslauf. Wellen und Windrichtung beeinflussen ebenfalls den Geradeauslauf.

HINWEIS: Ein Ankippen des Boards mithilfe von Gewichtsverlagerung, um die Fahrtrichtung zu beeinflussen, funktioniert bei den wenigsten SUP-Boards. Für diese Unterstützung muss das Brett an den Unterwasser-Rails eine ausgeprägte Kante besitzen und eine gewisse Grundgeschwindigkeit haben, damit eine Kurvenfahrt durch Gewichtsverlagerung erzielt wird.

BEWEGUNGSABLAUF ››

Das Paddelblatt weit nach vorne in Richtung Bug führen, dabei die Griffweite und die „geschlossene" Hand am Paddelschaft beachten 1.
Den Oberkörper nach vorne beugen, den Rücken gerade lassen und das Paddel einstechen 2. Sobald das komplette Paddelblatt eingetaucht ist, mit dem (kräftigen) Paddelzug beginnen 3 und gleichzeitig den Oberkörper aufrichten 4 + 5.

Das Paddelblatt max. bis auf die Höhe der Ferse mit Druck durch das Wasser führen 6. Ohne Druck und weiterführende Paddelbewegung das Paddel komplett aus dem Wasser ziehen 7, den Oberkörper dabei ganz aufrichten und die Körperspannung verringern 8 + 9.

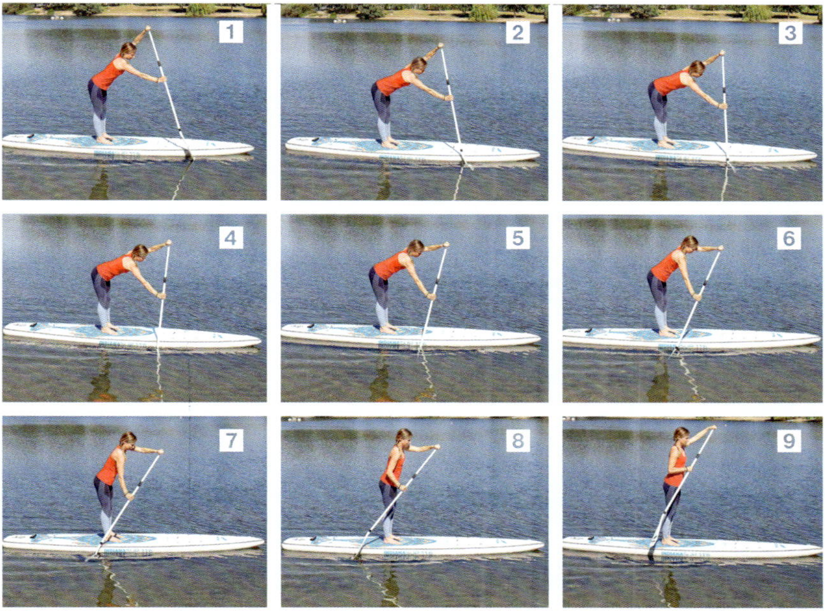

EXPERTEN TIPP

Zwei kleine Markierungen auf dem Board die den Einstechpunkt (rechts und links an der Rail) anzeigen, helfen am Anfang dabei sich schnell einen gleichmäßigen Paddelzug anzugewöhnen.

GRUNDSCHLAG

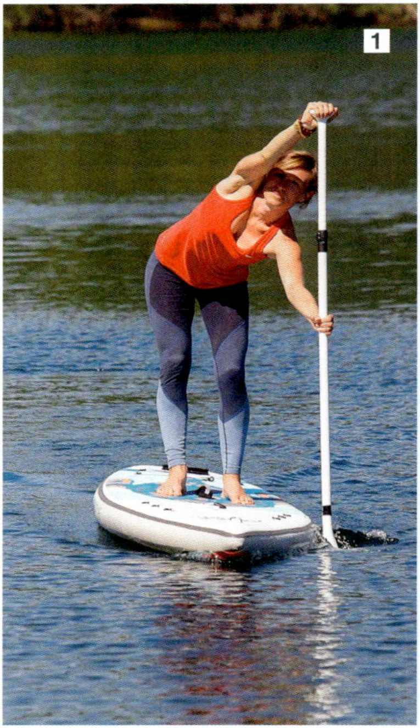

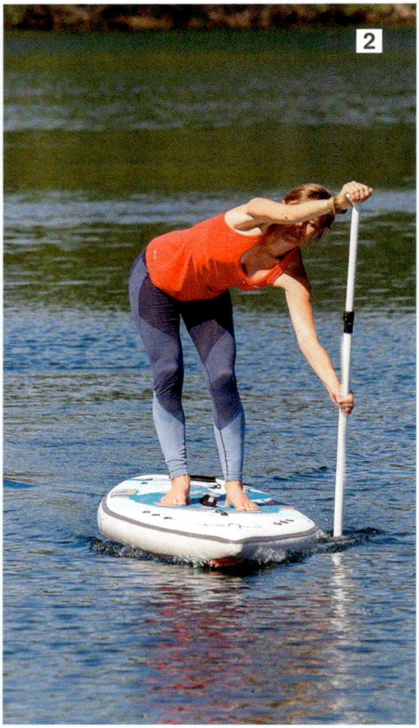

BEWEGUNGSABLAUF II ››

Das Paddel senkrecht, vorne neben der Rail vollständig in das Wasser eintauchen, dabei den Oberkörper nach vorne beugen, Körperspannung erhöhen 1.

Kraftvoll das Paddel durch das Wasser ziehen 2 und dabei den Oberkörper aufrichten 3. Das Paddel in aufrechter Körperhaltung zurückführen und dabei die Muskulatur entlasten 4.

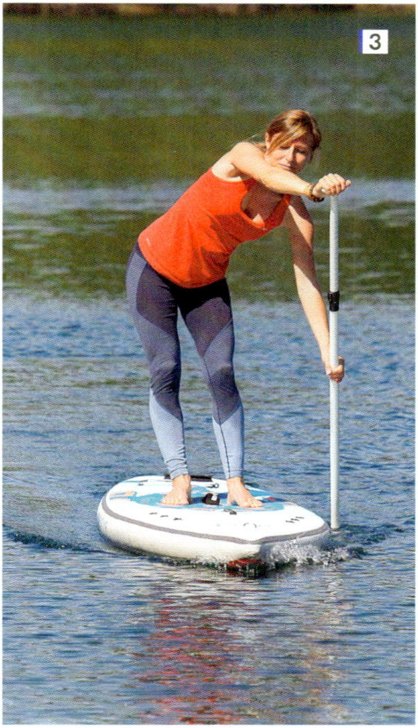

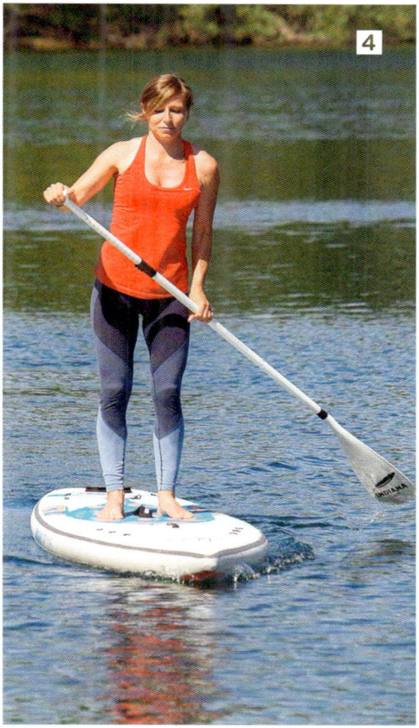

HINWEIS: Je mehr darauf geachtet wird, dass das Paddel senkrecht durch das Wasser geführt wird, desto besser ist der Geradeauslauf.

GRUNDSCHLAG

BEWEGUNGSABLAUF III ››

Am Einstechpunkt den Oberkörper nach vorne beugen 1, das Paddel komplett einstechen und den Paddelzug beginnen 2.

Den Paddelzug bis max. zu den Fersen ausführen und dabei den Oberkörper aufrichten
3 & 4.

Paddel aus dem Wasser ziehen, weiter aufrichten und entlasten 5.

Das Paddel in aufrechter Position nach vorne führen 6.

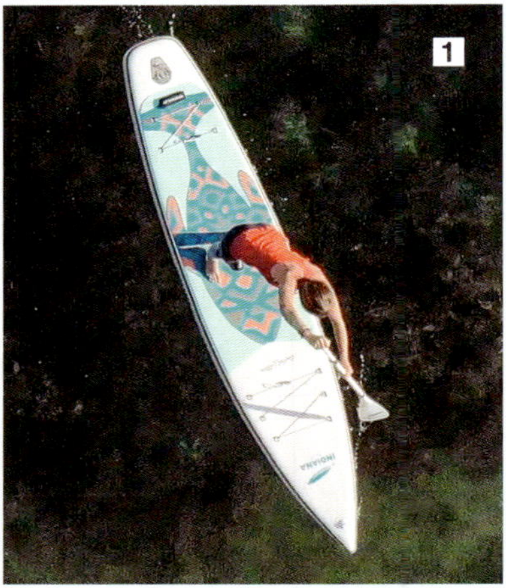

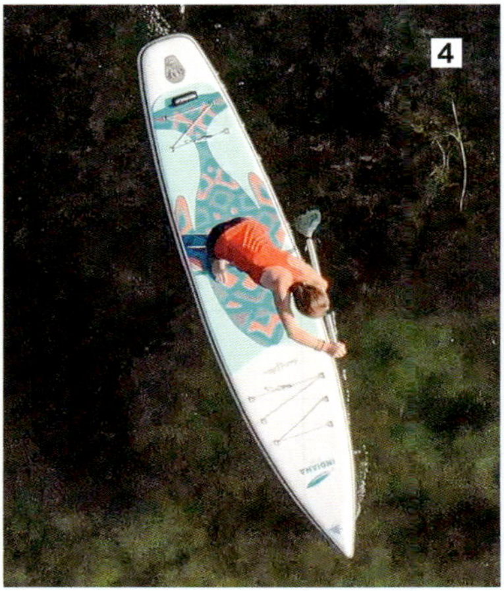

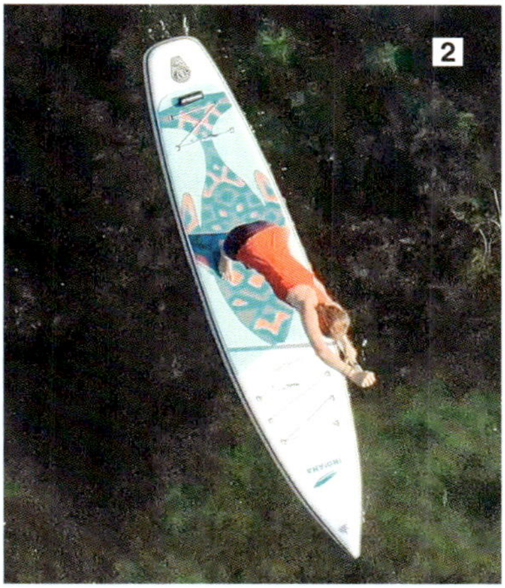
2

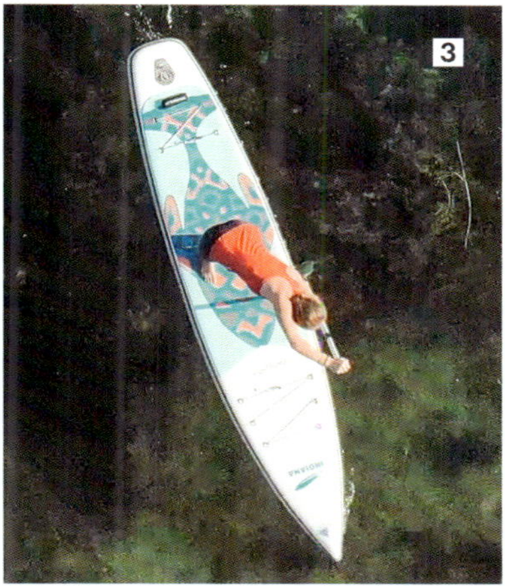
3

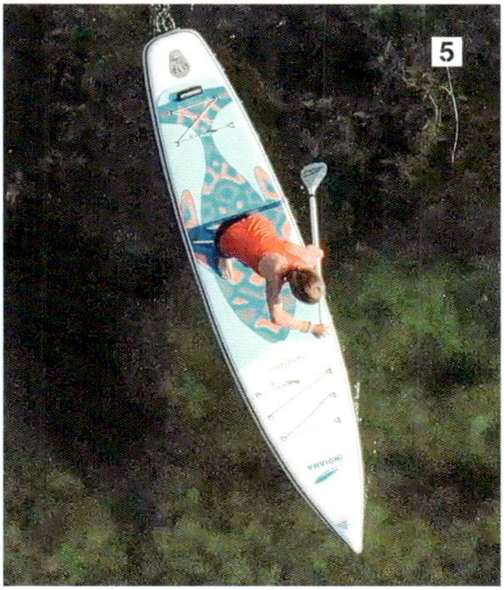
5

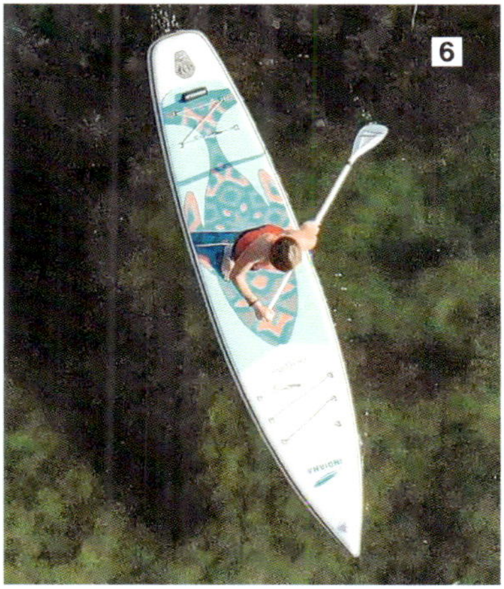
6

RÜCKFÜHRUNG DES PADDELS

Die Phase in der das Paddel nicht im Wasser ist, sollte zur Muskulaturent astung und zum entspannten Einatmen dienen. Ebenfalls kann in dieser Situation das Umfeld (z.B. weitere Wassersportler, Schiffsverkehr, etc.) besser wahrgenommen

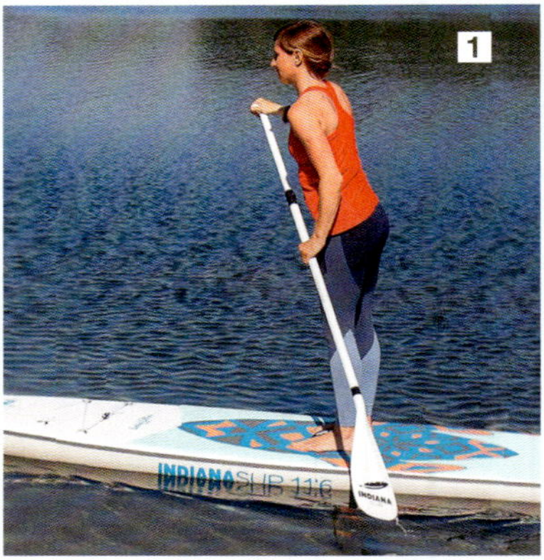

BEWEGUNGSABLAUF »

Das Paddelblatt komplett aus dem Wasser ziehen **1**, den Oberkörper aufrichten **2** das Paddel „hochheben" und nach vorne führen **3**.

Den ein Einstechpunkt anvisieren **4**, den Oberkörper nach vorne beugen (Rücken gerade) und das Paddelblatt eintauchen **5**.

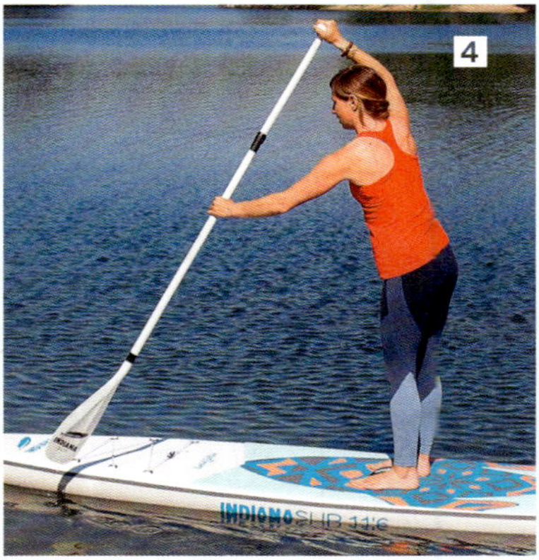

werden. Ebenfalls können der Griffabstand und die Position auf dem Board überprüft und gegebenenfalls korrigiert werden.

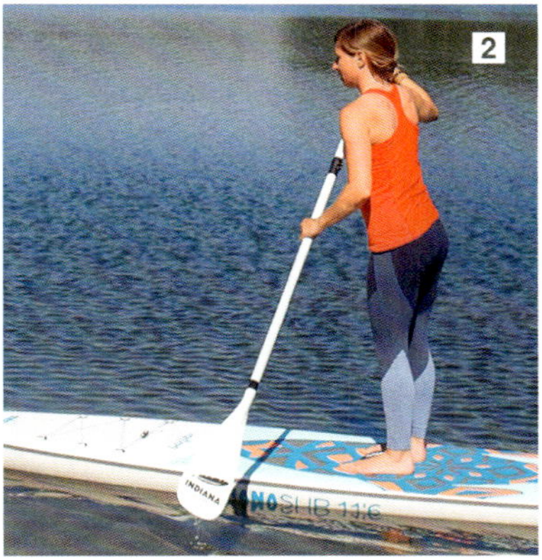

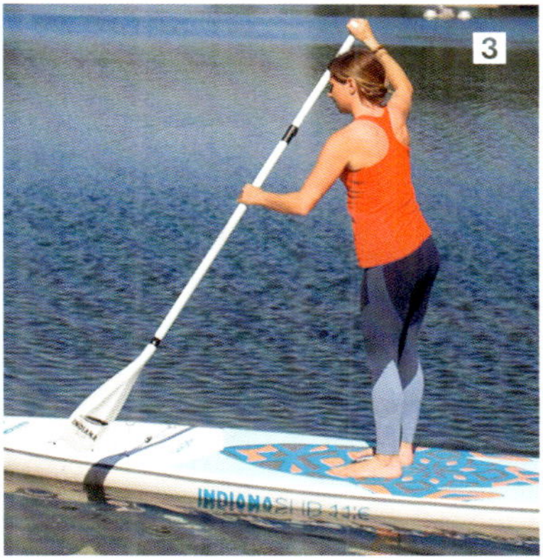

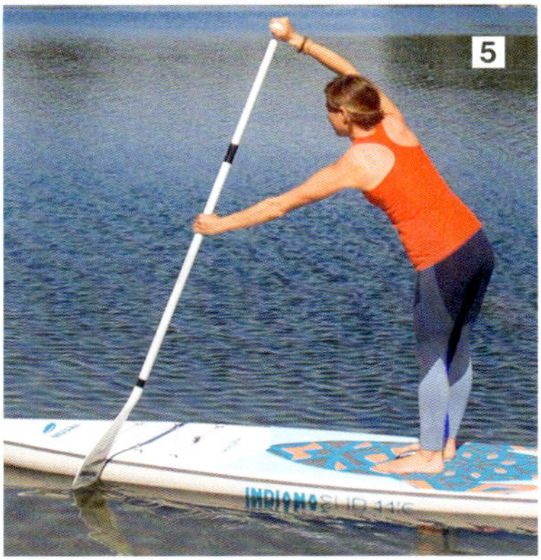

HINSETZEN

ALLGEMEIN: Von der Senkrechten in die Sitzposition. Es gibt viele Situationen in denen das Sitzen auf dem Brett nötig und entspannter ist, als das Stehen auf dem Board mit wackeligen Knien. Allein schon, wenn das Dry-Bag erreicht werden

BEWEGUNGSABLAUF »

Das Paddel aus dem Wasser nehmen **1**, quer vor sich auf dem Board ablegen und sich gleichzeitig mit beiden Händen über dem Paddelschaft abstützen **2**.

Ein Knie auf dem Deckpad absetzen **3**, gleichzeitig das Brett stabilisieren und das andere Knie auf das Board stellen **4**.

Weiterhin das Brett im Gleichgewicht halten und das Paddel aufnehmen **5**.

Im sitzen Paddeln oder Manövrieren **6**.

HINWEIS: Je niedriger der Schwerpunkt auf dem Board ist, desto stabiler liegt es auf dem Wasser.
Deshalb ist es besonders bei schwierigen Bedingungen besser, diese sitzend auf dem Board zu bewältigen.

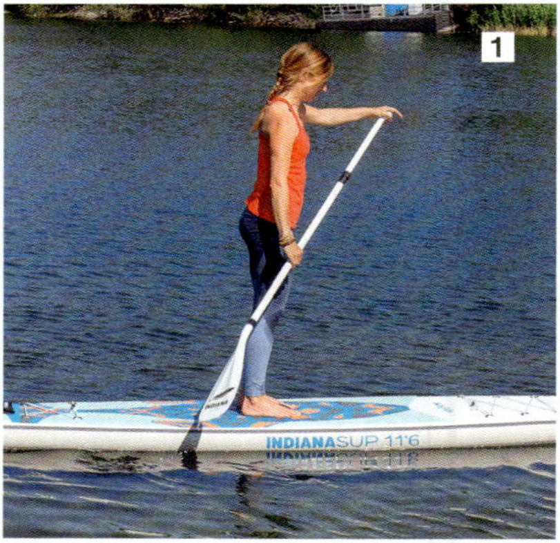

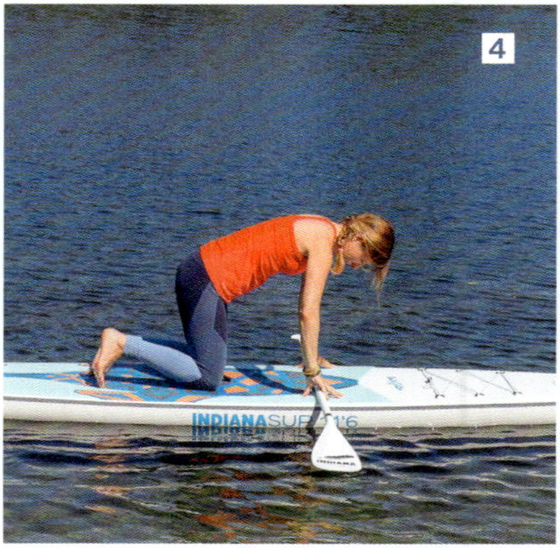

soll, die Füße entlastet werden müssen oder eine Pause auf dem offenen Wasser ansteht. Besonders am Anfang ist es wichtig zu erkennen, dass das sichere Sitzen auf dem Brett besser geeignet ist um heikle Situationen zu beherrschen.
Diese können z.B. sein, Wind- und Wellenbildung, unübersichtliche Verkehrslage, Anlegemanöver, etc.

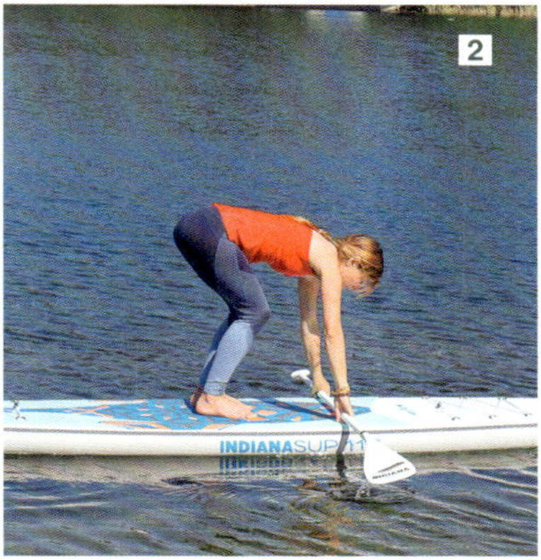

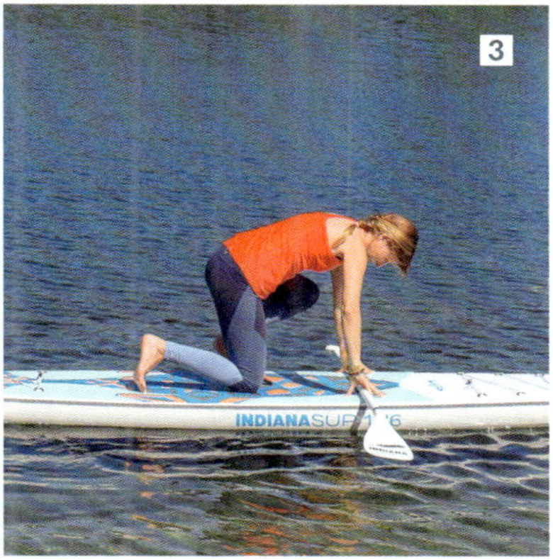

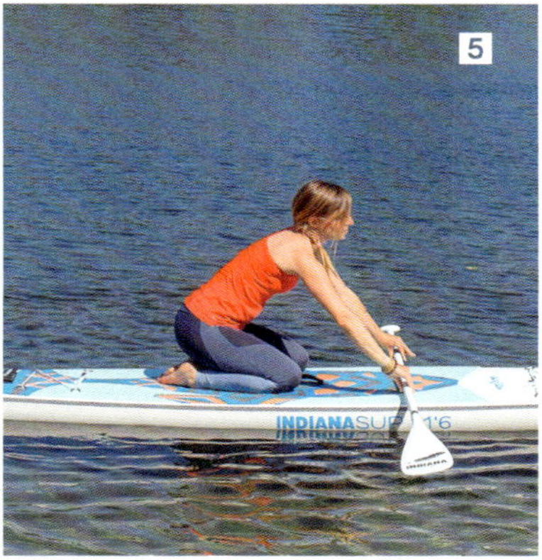

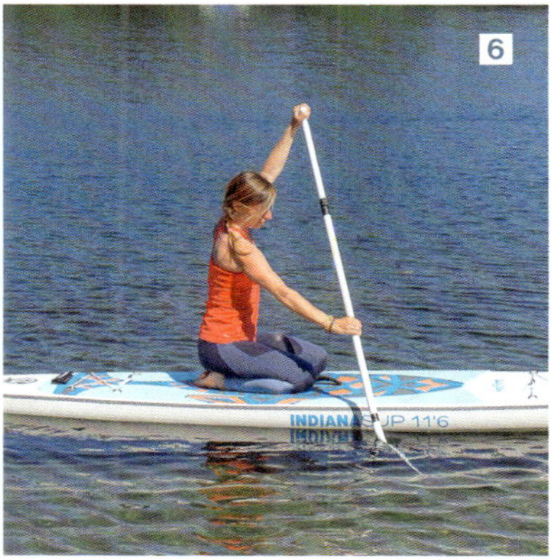

RUNTER VOM BOARD

ALLGEMEIN: Wenn es raufgeht, muss es auch wieder runtergehen. Wer sicher vom SUP-Board wieder an Land kommen möchte, muss ebenfalls ein paar Dinge beachten, um die Verletzungsgefahr und ein mögliches Chaos an der Anlegestelle zu vermeiden. Als Erstes sollte, besonders wenn einem die Ufer- und Grundbeschaffen-

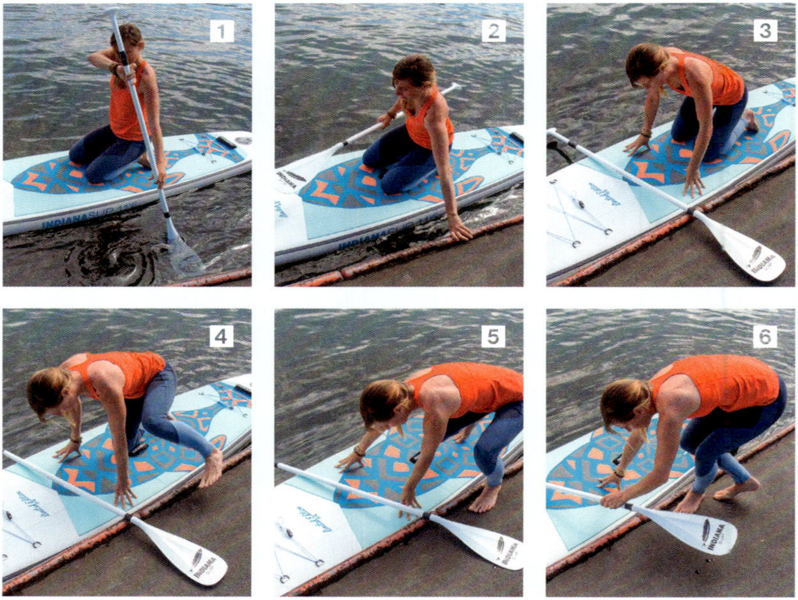

BEWEGUNGSABLAUF ››

Im Sitzen oder Knien langsam die geplante Ausstiegstelle ansteuern **1**, sich mit Hilfe einer Hand am Steg abstützen und das Brett zum Stehen bringen **2**. Das Paddel quer über das Board oder auf den Steg legen. Mit beiden Händen auf dem Deckpad abstützen und das Brett stabilisieren **3**.
Den Fuß, der dem Steg zugewandt ist auf das Trockene setzen, dabei das Board weiterhin ausgleichen **4**.

heiten nicht bekannt sind, die Anlegestelle erkundet werden. Nicht selten befinden sich unter Wasser spitze Steine, Scherben oder Muscheln. Daher sollte man nicht in Ufernähe einfach vom Board abspringen, sondern frühzeitig eine sitzende oder kniende Position auf dem Board einnehmen. So ist es möglich, entspannt und ohne Hektik anzulegen. Im flachen Wasser gibt es noch den Faktor Finne zu beachten. Kommt es während des Paddelns oder des Anlegens zu Bodenkontakt mit der Finne, wird das Board abrupt abgebremst. Spätestens in diesem Augenblick ist die niedrige Sitzposition von Vorteil.

EXPERTEN TIPP

Beim Herausheben des Boards von der Wasseroberfläche bietet es sich an, das Brett leicht auf einer Seite abzuwinkeln, um die Auflagefläche auf dem Wasser zu verringern. So lässt sich das Brett leichter mithilfe der mittleren Griffschlaufe- mulde von der Wasseroberfläche heben.

Das Abstützen und Abstoßen mit dem Paddel sollte nach Möglichkeit vermieden werden. Da gerade bei hochwertigen Paddeln die untere Blattkante empfindlich ist und bei Kontakt mit Steganlagen oder steinigem Grund schnell beschädigt wird.

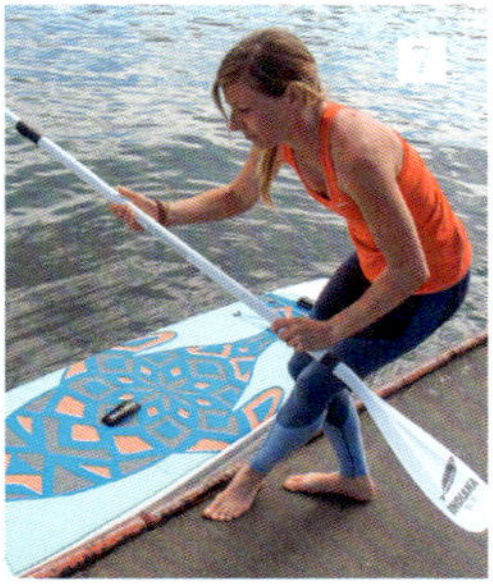

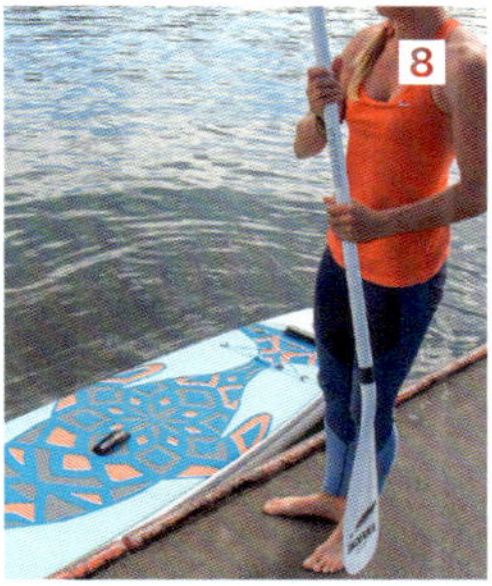

Langsam den anderen Fuß auf den Steg setzten, mit beiden Händen auf dem Deckpad 5.
Wenn beide Füße an Land sind, langsam aufrichten und dabei das Paddel mitnehmen 6 & 7.
Das Board kann jetzt vom Wasser gehoben oder mit Hilfe des Paddels dirigiert werden 8.

HINWEIS: Beim Abstützen mit den Händen während des Absteigens, nicht das querliegende Paddel belasten. Da ansonsten das Board, zwar nicht abtreibt, aber in Schräglage geraten kann.

Bei dem Abstieg vom Board in knietiefes Wasser ist der Bewegungsablauf genau der Gleiche, wie das Absteigen auf einem Steg. Wichtig dabei ist, dass der Abstand zwischen Finne und Grund ausreichend groß ist. Ansonsten kann die Finne beschädigt werden und das Anlegen wird erheblich erschwert.

PADDELTECHNIKEN

Hilfreiche und effiziente Paddelschläge für den Anfang, die z. B. bei schmalen Gewässern, beim Anlegen oder in einer kniffligen Situation hilfreich sind. Diese Manöver können einem ebenfalls helfen, wenn in einer Gruppe geSUPt wird. Um ein »Rammen« der Mit-SUPer zu vermeiden, ist es hilfreich, wenn man sein Board manövrieren kann.

LENKEN ALLGEMEIN

Wenn es nicht nur geradeaus gehen soll, braucht es eine Kurve. Grundsätzlich gilt, dass sich ein SUP-Board einfacher über den Bug (Nose) drehen lässt, da in diesem Bereich der Wasserwiderstand geringer ist als am Heck des Boards (Finne). Je weiter das Körpergewicht nach hinten verlagert wird und je weiter dder Bug aus dem Wasser kommt, desto leichter lässt sich das SUP-Board drehen. Es gibt unter normalen Bedingungen (wenig Wind und Wellen) immer zwei Möglichkeiten, ein Board zu drehen. Die erste Option ist einseitige Beschleunigung. Das bedeutet, dass nur auf einer Seite des Boards gepaddelt wird und sich das Brett dadurch in die entgegengesetzte Richtung dreht. Die zweite Option ist das Verlangsamen oder einseitige Abbremsen des Boards. Dazu wird das Paddel einseitig ins Wasser gehalten oder, um die Wirkung zu verstärken, gegen die Fahrtrichtung bewegt. Das Board dreht sich in diesem Fall zu der Seite, auf der sich das Paddel befindet.

BOGENSCHLAG

ALLGEMEIN

Beim Bogenschlag wird das Paddel im vorderen Bereich, dicht am Board, in das Wasser getaucht und in einem weiten Bogen Richtung Heck gezogen. Während des Zuges soll das Paddelblatt komplett eingetaucht bleiben und das Körpergewicht wird gleichzeitig auf beide Beine verteilt, um einen festen Stand zu erreichen. Der Radius der zu fahrenden Kurve hängt von der Größe des Bogens und der Board-Form ab. Wird der Bogenschlag auf der linken Board-Seite ausgeführt, dreht sich das Board nach rechts.

HINWEIS; Ein kurzes und breites Board, mit viel Rocker lässt sich einfacher und schneller mit einem Bogenschlag drehen. Ein langes Board mit einer geraden Wasserlinie lässt sich dementsprechend langsamer und vergleichsweise schwieriger drehen.

BEWEGUNGSABLAUF I ››

Das Paddel weit vorne neben dem Board in das Wasser stechen. Dabei den Oberkörper nach vorne beugen und das Paddel mit einer großen Griffweite greifen **1**. Das Padelblatt komplett eintauchen, das Körpergewicht auf beide Füße verteilen und den Schlag beginnen **2**. Das Paddelblatt bleibt während des Zuges komplett im Wasser, der Stand auf dem Board ist „fest“ und der Oberkörper gebeugt (um den Bogen des Zuges zu vergrößern) **3** – **5**. Das Paddel bis zum Heck des Boards durchziehen **6**, den Oberkörper aufrichten und das Paddel aus dem Wasser ziehen **7**. Der 180° Bogenschlag ist abgeschlossen **8**. Jetzt könnte ein weiterer Bogenschlag folgen, um ein weiteres Drehen des Board zu bewirken.

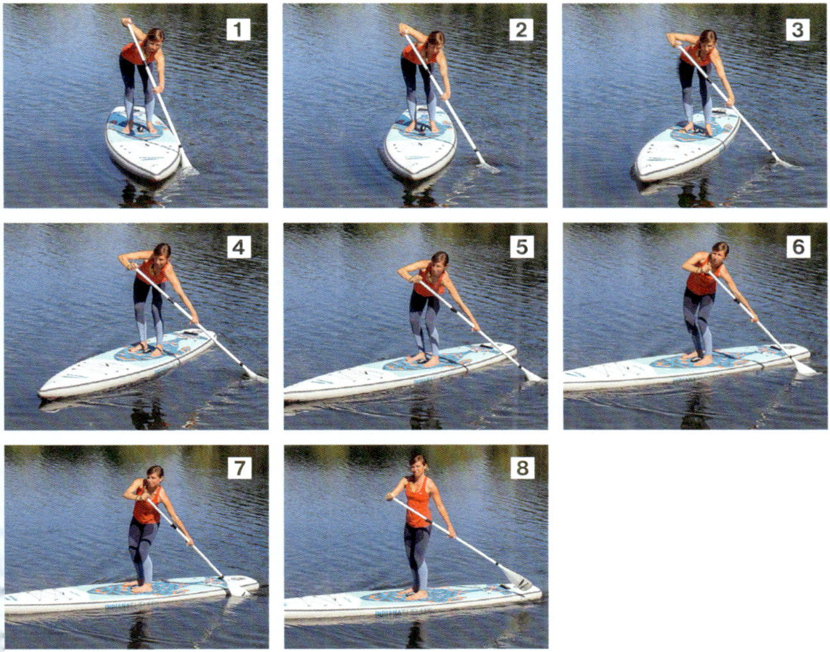

BEWEGUNGSABLAUF II ››

Am Einstechpunkt das Paddelblatt komplett eintauchen, der Oberkörper nach vorne gebeugt **1**. Das Paddel in einem großen Bogen durch das Wasser ziehen, dabei sollte das Paddelblatt komplett im Wasser bleiben **2** & **3**. Das Paddel bis zum Heck durchziehen und den Oberkörper aufrichten **4**.

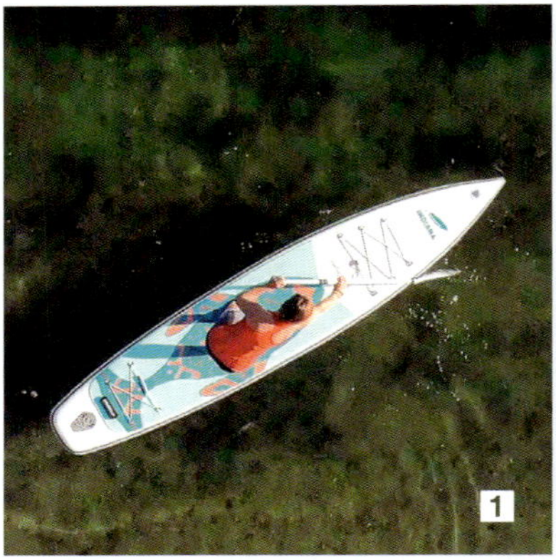

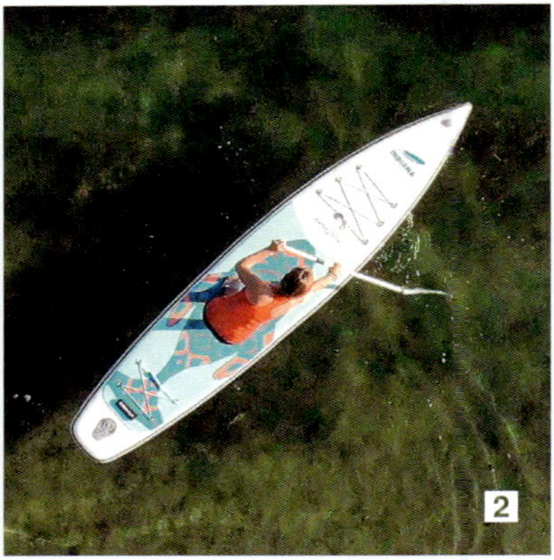

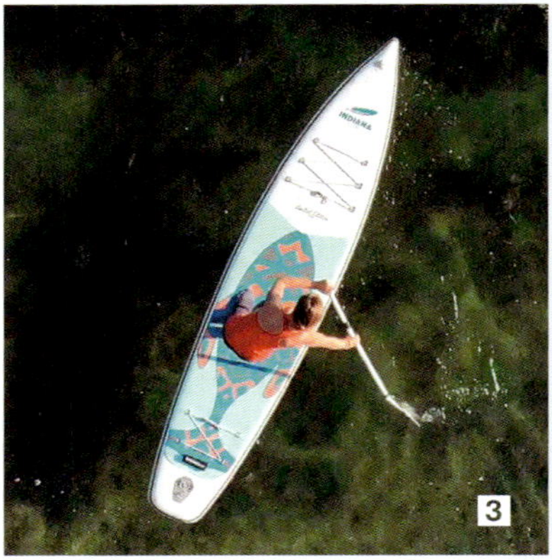

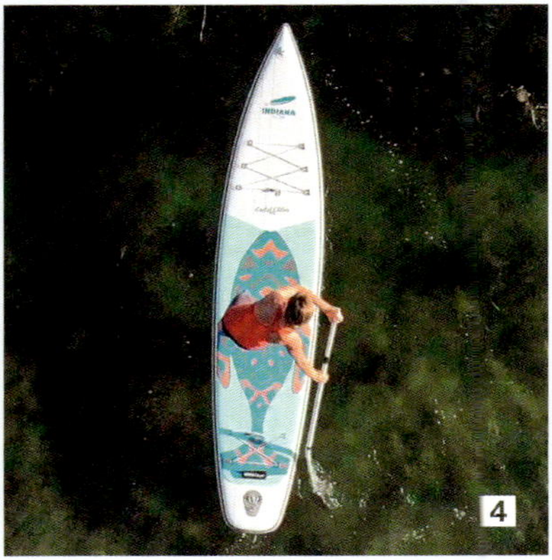

BEWEGUNGSABLAUF III ››

Eintauchphase des kompletten Paddelblatts: Vom Bug **1** in einem großen Bogen **2** & **3** bis zum Heck des Boards **4**.

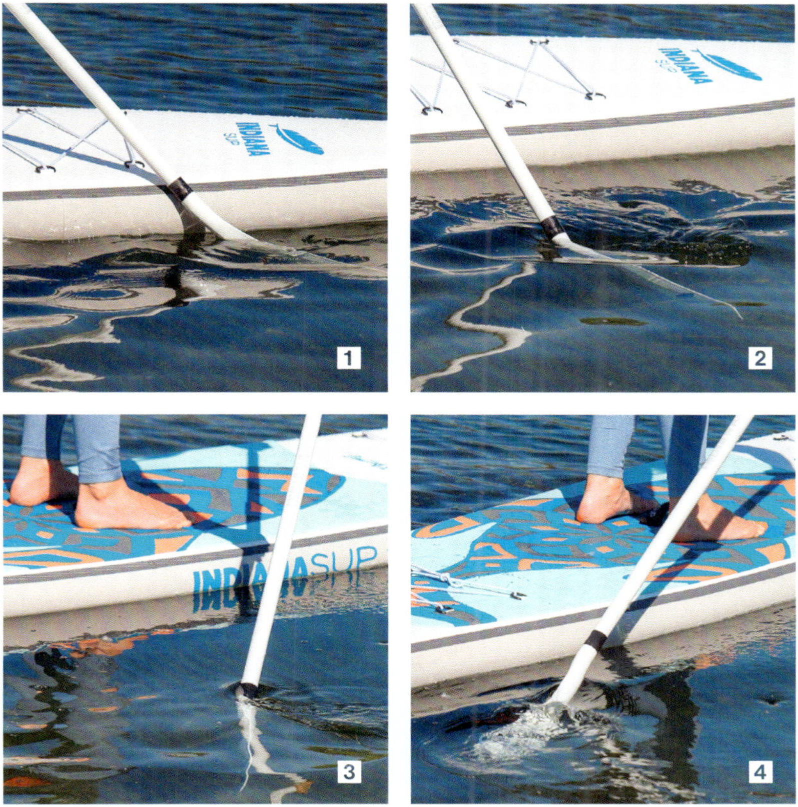

V-SCHLAG

ALLGEMEIN

Die V-Lenkung funktioniert nur aus der Vorwärtsbewegung des Boards heraus und ist im Grunde genommen kein »Schlag«, sondern eine Paddelhaltung.

BEWEGUNGSABLAUF I »

Das Board befindet sich in der Vorwärtsbewegung, den Oberkörper nach vorne beugen und dabei das Paddel nach vorne neben das Board einstechen 1.

Die obere Hand (am Paddelgriff) dreht das Paddel, so dass die Paddelblattrückseite in Richtung Bug (Boardspitze) zeigt 2.

Fest stehen, die untere Hand am Schaft stabilisiert das gesamte Paddel, das Paddelblatt komplett eingetaucht lassen 3 und die obere Hand kontrolliert den Anstellwinkel des Paddelblatt 4.

Spätestens, wenn keine Vorwärtsbewegung mehr im Board ist, ist der V-Schlag beendet 5.

HINWEIS: Je größer der Winkel des Paddelblatts und je weiter es im vorderen Bereich des Boards eingetaucht ist, desto enger ist der Kurvenverlauf.

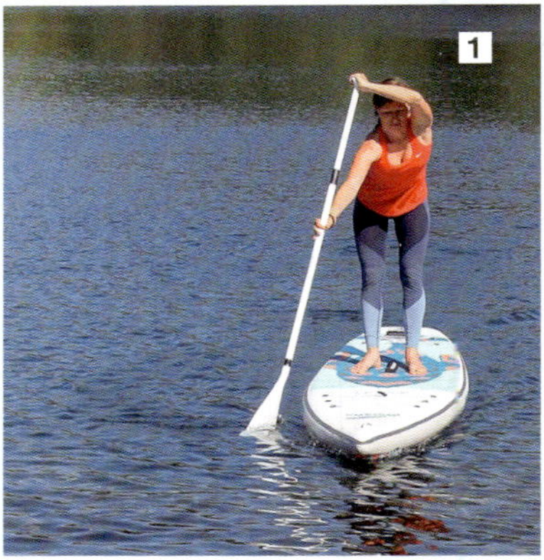

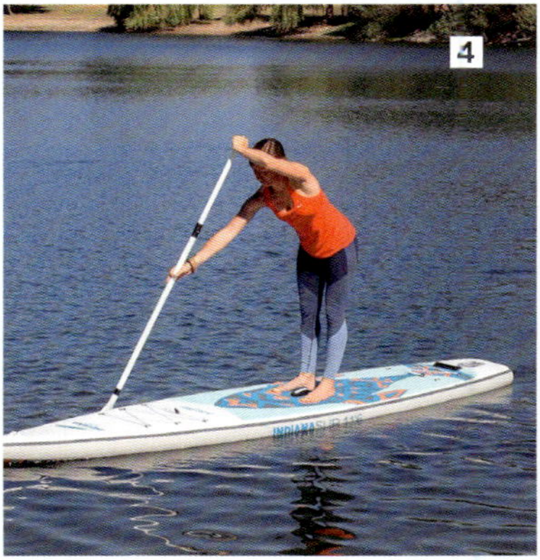

Das Paddelblatt wird in einem offenen Winkel von 30 bis 40 Grad im vorderen Bereich des Boards in das Wasser eingetaucht und bildet zusammen mit der Board-Kante ein »V«. Das Paddel wird nicht durch das Wasser gezogen, sondern verbleibt im vorderen Bereich des Boards. Das Board dreht sich bei entsprechender Board-Bewegung in die Richtung des Paddels.

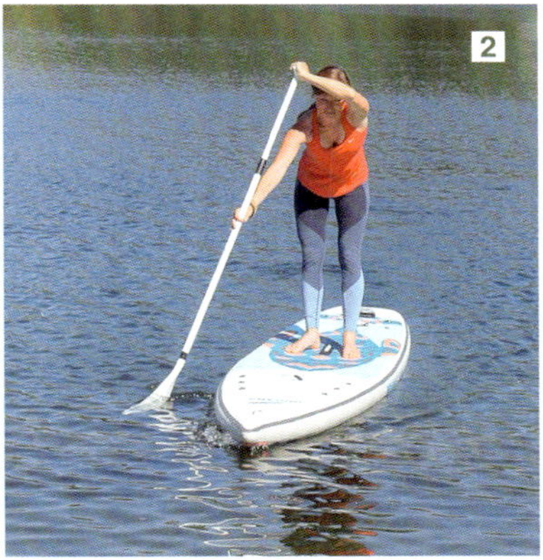

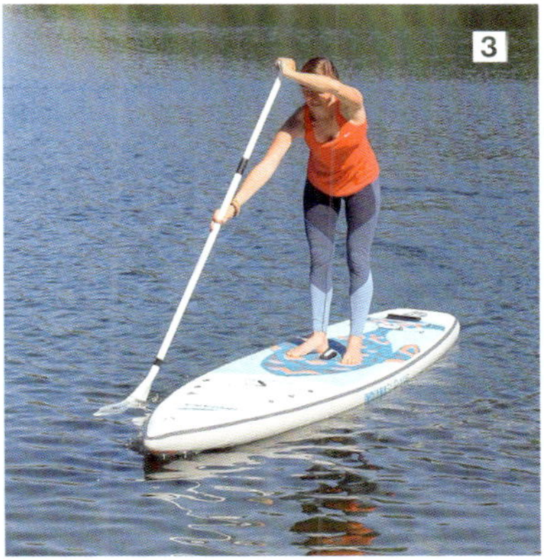

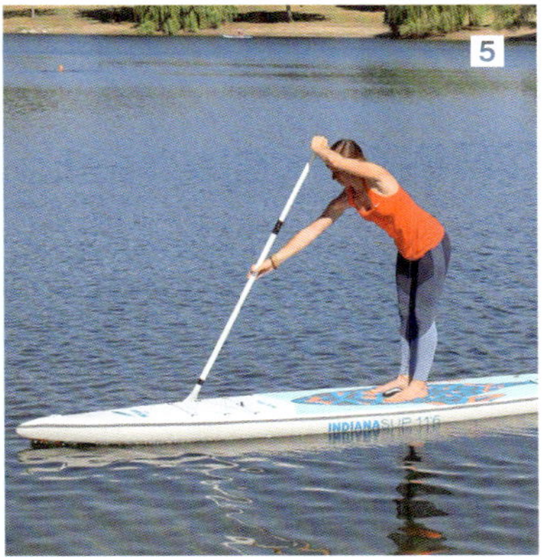

BEWEGUNGSABLAUF II ››

Das Paddelblatt vorne neben das Board bewegen, die Rückseite des Paddelblatt zeigt zum Board 1. Das Paddel einstechen und dabei am Paddelgriff drehen, so dass die Blattrückseite (ungefähr) Richtung Bug zeigt 2. Das Board fängt an sich zu drehen 3. Der Druck auf das Paddel ist am Anfang hoch, verringert sich allerdings mit der Drehbewegung und der Verlangsamung des Board 4 & 5. Drehbewegung abgeschlossen 6.

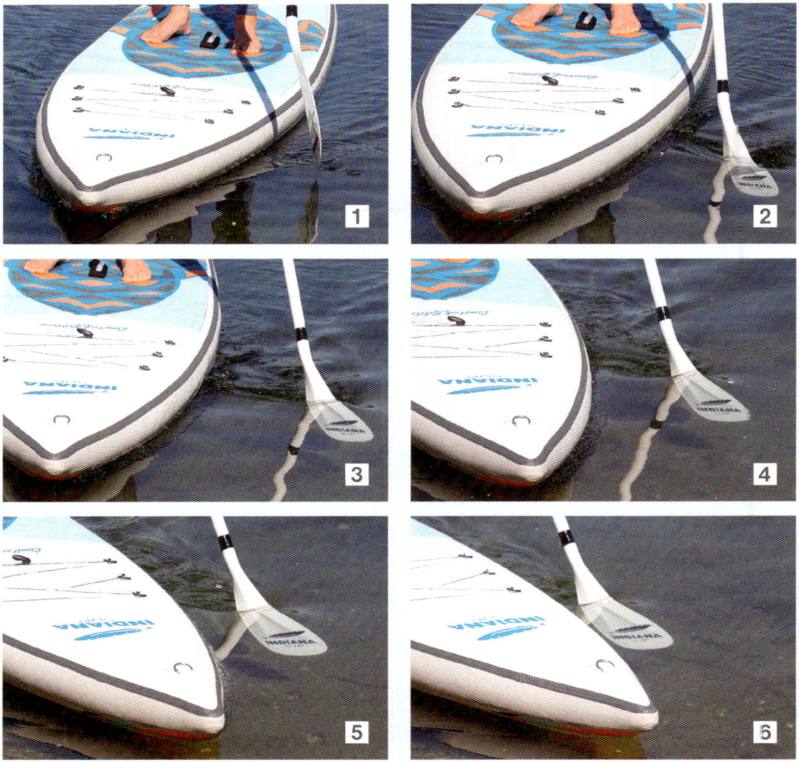

BEWEGUNGSABLAUF III ››

Das Paddel wird während des V-Schlags nicht bewegt oder durch das Wasser gezogen. Einzig das Paddelblatt kann im Anstellwinkel variiert werder.
Eintauchphase **1**, Drehbewegung **2** & **3**, V-Schlag abgeschlossen **4**.

HINWEIS: Je schneller das Board vor dem V-Schlag ist, desto effektiver kann die Boarddrehung werden.

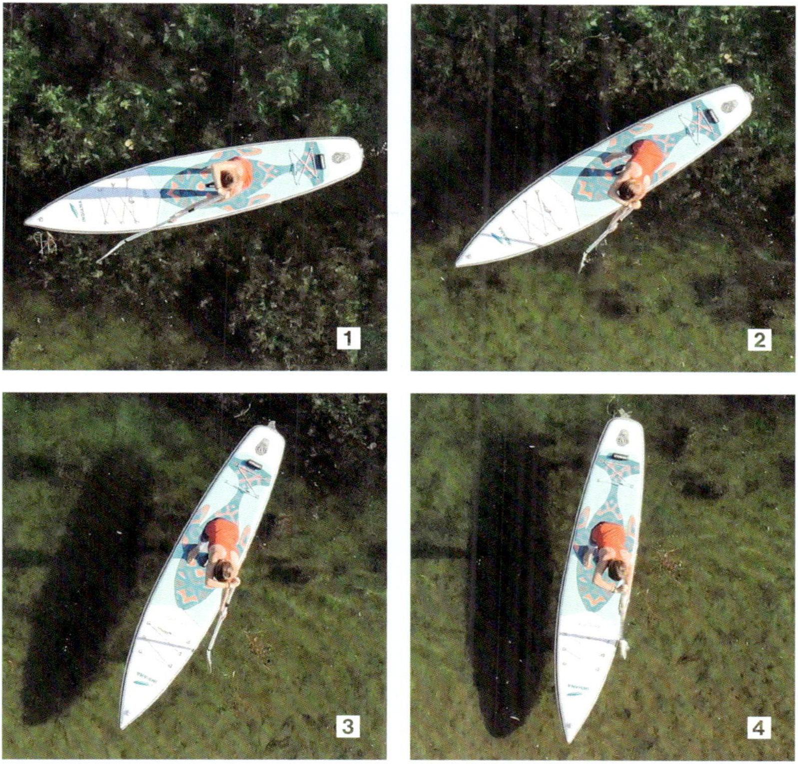

ANHALTEN & BREMSEN

ALLGEMEIN

Um das Board aus der Bewegung heraus anzuhalten, sind zwei bis drei kräftige Schläge nötig. Dazu wird das Paddel im hinteren Bereich, dicht am Board, komplett in das Wasser getaucht und mit einer kraftvollen Vorwärtsbewegung entlang

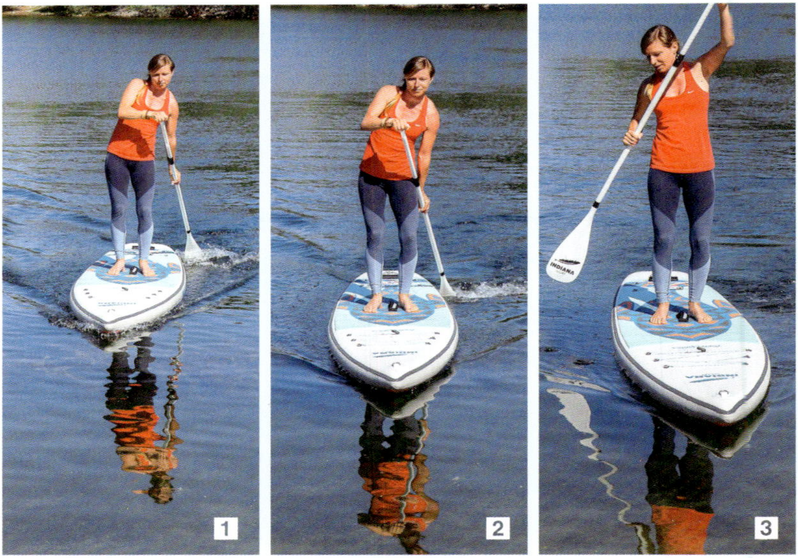

BEWEGUNGSABLAUF I ››

Das Paddel hinter den Füßen, dicht neben dem Board in das Wasser tauchen **1**.

Das Blatt komplett eintauchen und mit Druck das Paddel nach vorne bewegen **2**.

der Boardkante nach vorne gedrückt. Dabei kann die untere Hand zu Beginn des Schlages auf dem Oberschenkel abgelegt werden, um eine größere Hebelwirkung zu erzielen. Anschließend sollte zügig die Seite gewechselt werden, um den gleichen Schlag auf der anderen Boardseite auszuführen. Sollten zwei Paddelschläge nicht ausreichend sein, um das Board zu stoppen, wird das Manöver wiederholt, bis das Board zum Stehen kommt oder eine leichte Rückwärtsbewegung erreicht wird.

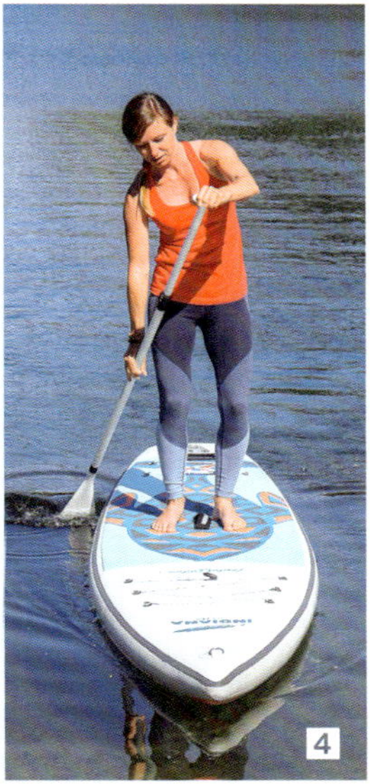

4

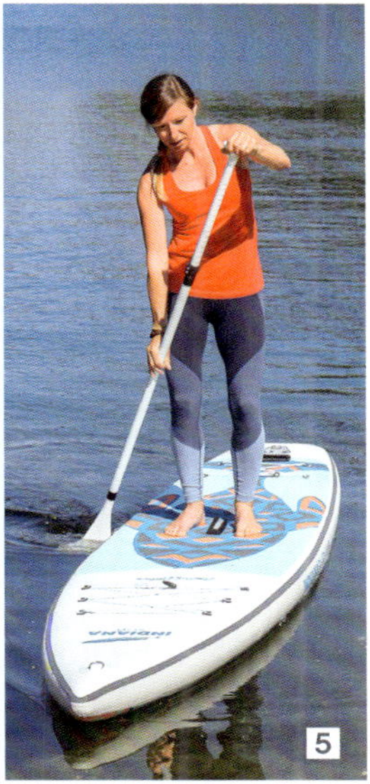

5

HINWEIS: Wichtig ist beim Bremsen ein sehr fester Stand auf dem Board und eine ganzheitliche Körperspannung!

Wenn das Board anfängt sich zu drehen, zügig die Paddelseite wechseln 3 und das Paddel wieder hinter den Füßen dicht neben dem Brett in das Wasser tauchen 4.

Das Paddelblatt komplett eintauchen und nach vorne bewegen 5.

BEWEGUNGSABLAUF II »

Kräftiger einseitiger Bremsschlag. Das Paddel weit nach hinten bringen 1. Das Blatt eintauchen und dabei auf eine festen Stand achten 2, das Paddel mit ordentlich Druck in Richtung Boardspitze bewegen 3. Dabei das Körpergewicht nach hinten verlagern und das Brett ausbalancieren 4. Beim vorwärts drücken des Paddels und Erreichen der Boardmitte, das Körpergewicht wieder zentrieren 5. Das Paddel kann, je nach vorhandener Boardbewegung, noch weiter nach vorne gedrückt werden 6.

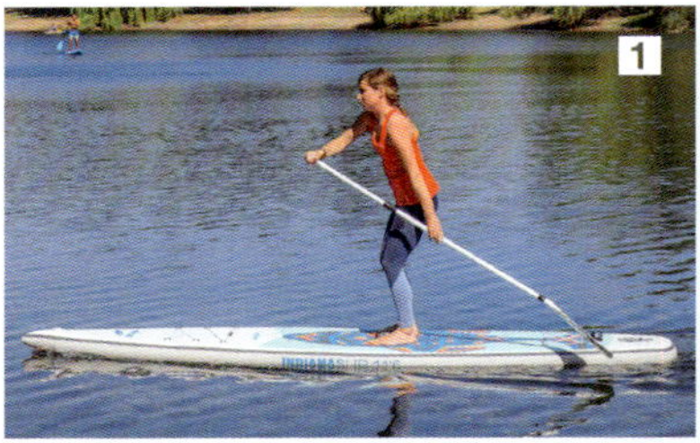

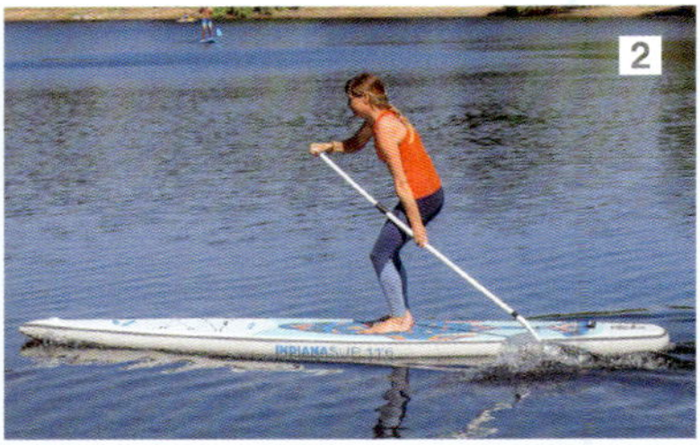

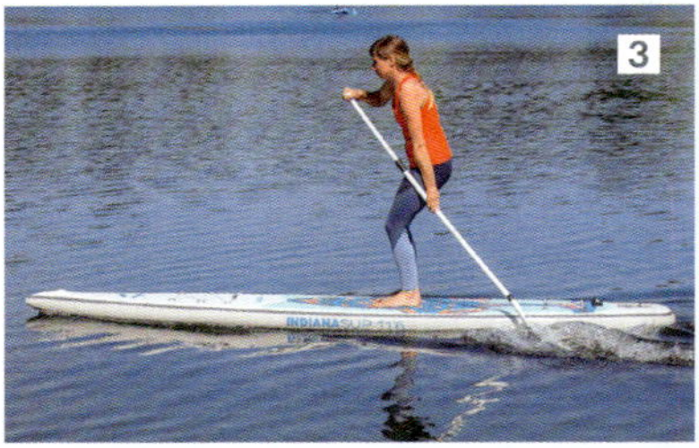

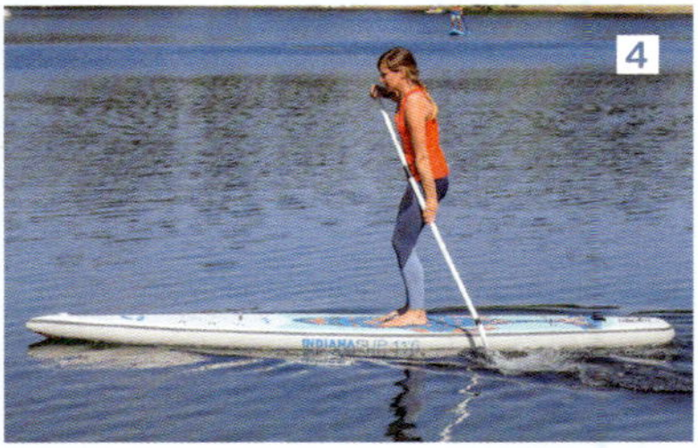

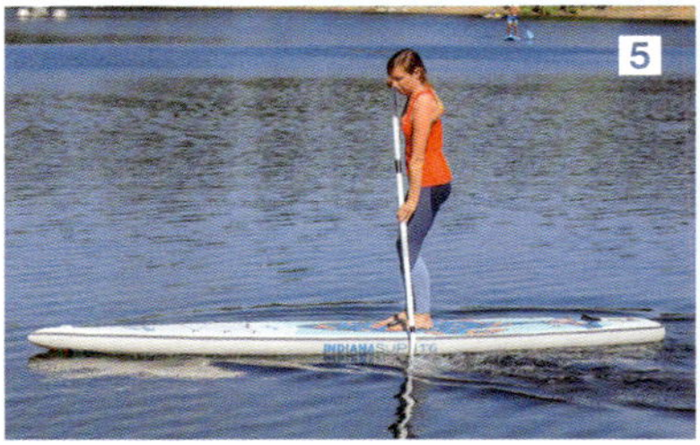

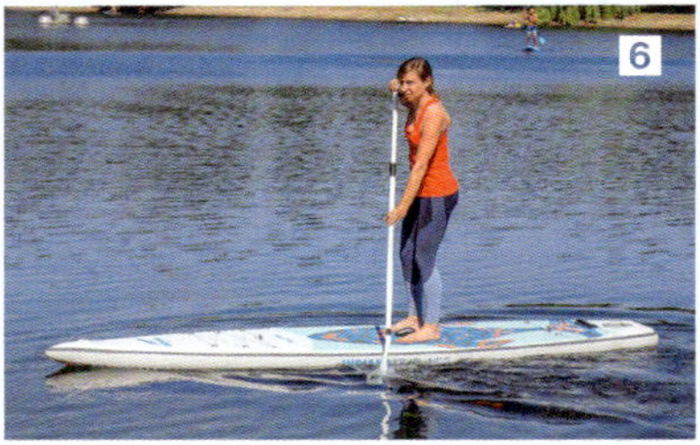

BEWEGUNGSABLAUF III »

Das Paddel weit hinten einstechen 1, auf einen sehr festen Stand achten und das Paddel kräftig in Richtung Bug drücken 2. Das Paddel bis zur Mitte des Board bewegen 3 und zügig die Paddelseite wechseln 4. Das Paddel hinten eintauchen und ebenfalls kräftig nach vorne bewegen 5, bis das Board zum Stehen kommt 6.

EXPERTEN TIPP

Das Erlernen des Bremsmanövers sollte langsam gesteigert und nicht direkt aus voller Fahrt heraus ausprobiert werden. Ansonsten kann der Lerneffekt, welche Kräfte plötzlich auftreten können, mit einem überraschenden Badestopp enden.

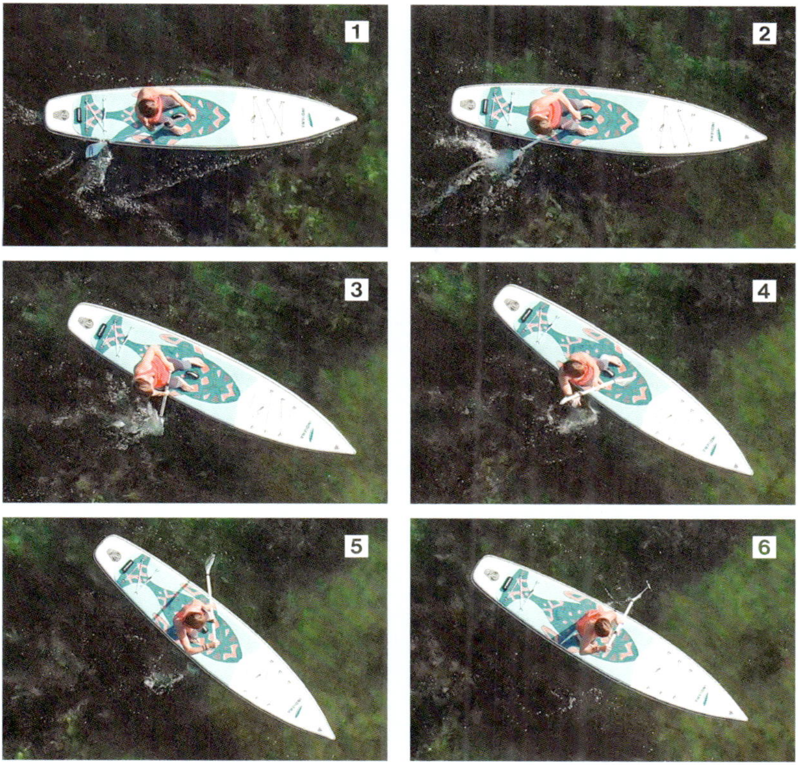

AUS TIEFEM WASSER AUF DAS BOARD

SEITLICH HOCHZIEHEN

Am einfachsten ist der Aufstieg aus tiefem Wasser an der Seite des jeweiligen Boards. Durch Hochziehen über die Kante (Rail) mit Zuhilfenahme eines Knies wird zuerst eine liegende Haltung auf dem Board und dann eine sitzende Position erreicht. Für sehr schwergewichtige Paddler ist es schwieriger, auf das Brett zu kommen, da beim Raufziehen über die Kante das nötige Gegengewicht fehlt. In diesem Fall sollte der SUPer von einer zweiten Person unterstützt werden.

EXPERTEN TIPP

Anfänger und unsichere Paddler sollten bei guten Bedingungen das Erklimmen des Deckpads aus tiefem Wasser üben, um entsprechend an Sicherheit zu gewinnen.

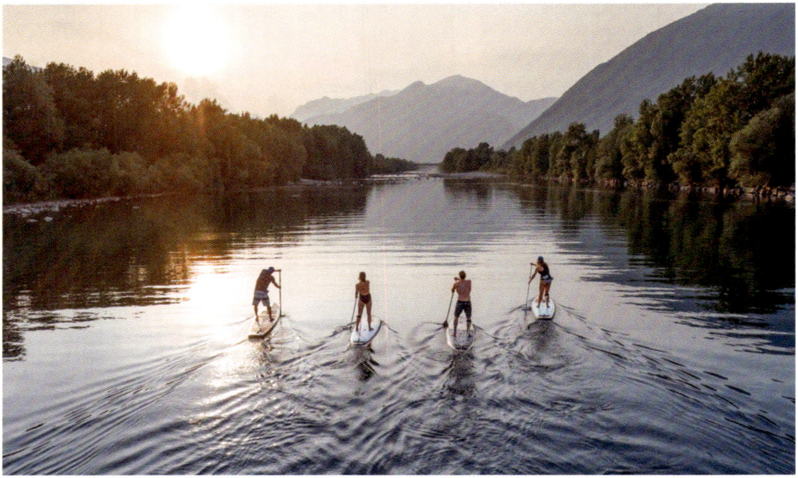

Ruhiges Wasser und windstille, die perfekten SUP-Bedingungen.

SUP ERLEBEN

Die 12 goldenen SUP-Regeln

Für richtiges Verhalten, Sicherheit und zum Wohle der Umwelt

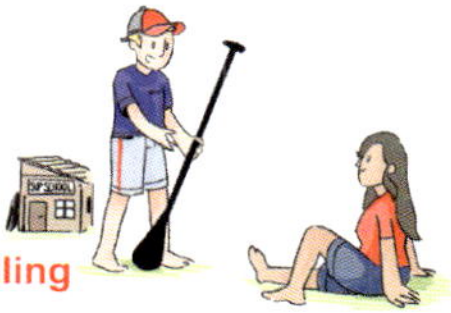

1 Lerne Stand Up Paddling bei Experten

Die Basis für dein Paddelvergnügen lernst du am besten von einem Experten bzw. einer Expertin – von allen Facetten des Sports über effektive Paddeltechnik bis hin zu Sicherheit und Tricks.

2 Paddel nur dort, wo es erlaubt ist

Informiere dich, wo du paddeln darfst und welche Gebiete zum Natur- und Umweltschutz zeitlich und räumlich gesperrt sind. Paddel aufmerksam, behalte deine Umgebung und das Wetter im Blick.
Im Zweifelsfall bleib an Land und vermeide so Gefahr für dich und deine möglichen Rettungskräfte.

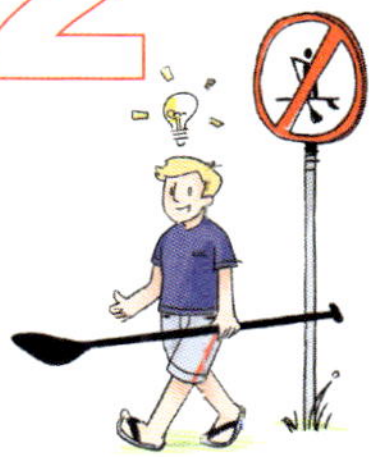

3 Beachte die Regeln auf dem Wasser

Beachte andere Wassersporttreibende (Kanufahrende, Rudernde, Segelnde etc.). Halte immer ausreichend Abstand zu anderen Stand Up Paddelnden, Wasserfahrzeugen und Personen. Grundsätzlich gilt: rechts fahren, Berufsschifffahrt hat immer Vorrang, Hafeneinfahrten und Landestellen für Fahrgastschiffe sind freizuhalten. Kennzeichne dein SUP-Board mit Namen, Anschrift und Mobilrufnummer des Eigentümers bzw. der Eigentümerin.

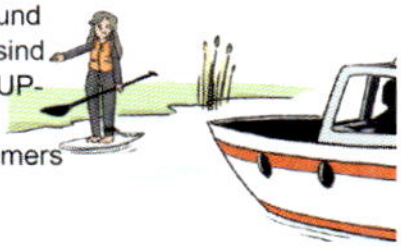

4 Trage die richtige Kleidung

Richtige Bekleidung ist ein Sicherheitsfaktor! Passe deine Kleidung der Wassertemperatur – und nicht der Lufttemperatur – an. Sorge je nach Beschaffenheit des Gewässers und dem Wetter für ausreichend wärmende Bekleidung (Trockenanzug oder Neopren). Schütze Dich vor der Sonne mit einer Kopfbedeckung und ausreichend Sonnenschutzmittel. Dann ist Paddeln das ganze Jahr über möglich.

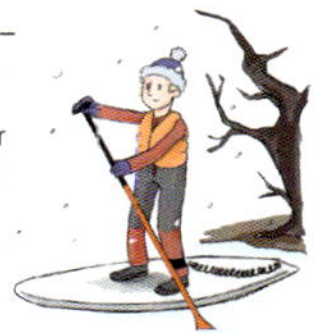

Illustration: Jannik Stiller

Deutscher Kanu-Verband

Deutscher Kanu-Verband e.V.
– Bundesgeschäftsstelle –
Bertaallee 8, 47055 Duisburg
Telefon 0203/99759-0
Fax 0203/99759-60
www.kanu.de service@kanu.de

/kanuverband /kanuverband /deutscherkanuverband

Sicherheit für Dich und andere

5

Benutze die richtige Sicherheitsausrüstung, um auf jedem Gewässer sicher unterwegs zu sein. Auf fließenden Gewässern kann eine Leash-Befestigung am Knöchel zu einem Sicherheitsrisiko werden, hier ist eine Hüft-Leash vorzuziehen. Schwimmhilfen in Westenform oder aufblasbare Rettungswesten geben dir Auftrieb nach einem Sturz ins Wasser und erhalten die Schwimm- und Aktionsfähigkeit. In der Dämmerung und bei Nacht muss das SUP-Board für andere sichtbar sein. Setze dafür ein weißes Rundumlicht.

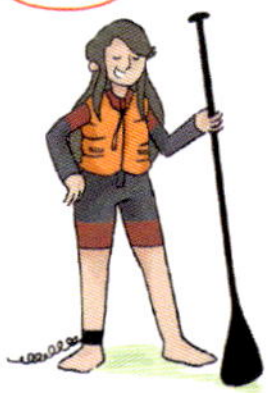

Kenne Deine Grenzen

Sicherheit geht vor Abenteuerlust. Schätze deine persönliche Fähigkeit und dein Können richtig ein.

6

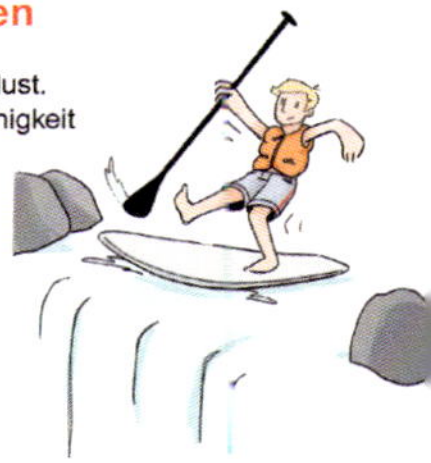

Plane Deine Tour

7

Mache vor jeder SUP-Tour eine Tourenplanung. Checke dafür Wetter (Windstärke und Richtung, Niederschlag, Gewitter, Temperatur), deine Ausrüstung und die geplante Strecke. Bei einem Rundkurs ist es besser zuerst gegen den Wind zu paddeln.

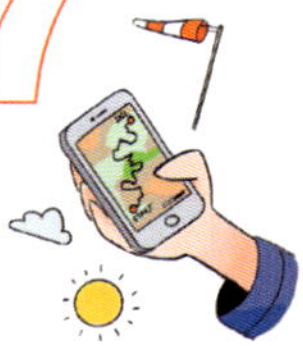

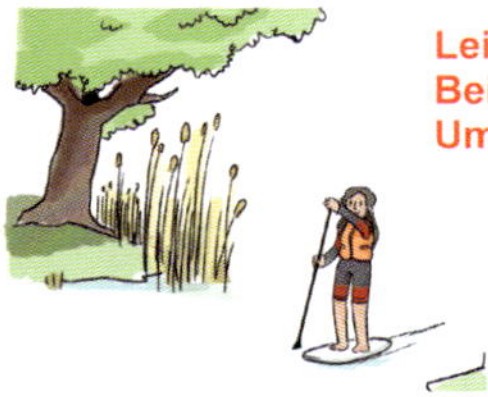

Leiste Deinen Beitrag zum Umweltschutz

8

Trage mit deinem Verhalten auf dem Wasser und an Land dazu bei, die Umwelt und Mitmenschen zu schützen sowie den ökologischen Fußabdruck gering zu halten. Halte zu Wasserpflanzen wie Schilf, Binsen und Seerosen einen ausreichenden Abstand ein.
Belasse die Natur in ihrem Ursprung: Halte deine einmaligen Erlebnisse in der Natur gerne auf Fotos fest. Meide schlammige oder seichte Stellen in Ufernähe, denn durch Abtragen, Aufwühlen oder Auftreten zerstörst du den wertvollen Lebensraum von Pflanzen und Tieren. Nutze vorhandene Ab- und Anlegestellen sowie befestigte Stege.

Illustration: Jannik Stiller

Die 12 goldenen SUP-Regeln

SUP ERLEBEN

Für richtiges Verhalten, Sicherheit und zum Wohle der Umwelt

9 Vermeide Müll

Achte auf die Vermeidung von Müll und entsorge ihn in die dafür vorgesehenen Behältnisse vor Ort oder bei dir zu Hause. Im Wasser oder in Ufernähe schwimmender Müll freut sich über deine Aufmerksamkeit - sammle ihn ein! Nutze dafür den „MUSS-Beutel“ (Müll-und-Unrat-Sammel-Sack) des DKV und die Gewässer werden es dir danken.

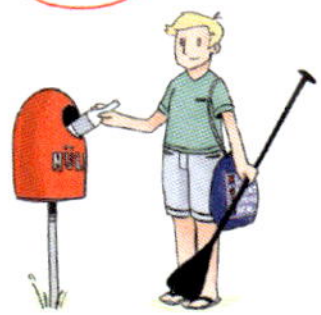

10 Pflege Dein SUP-Equipment

Mit regelmäßiger Pflege und Lagerung kannst du Board, Paddel und Zubehör länger nutzen.

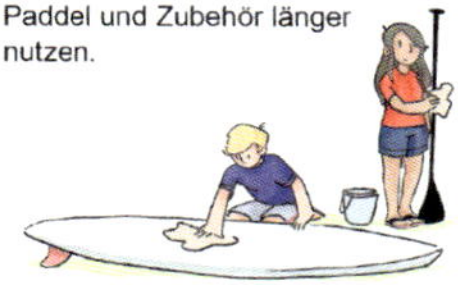

11 Paddel für eine bessere Gesundheit

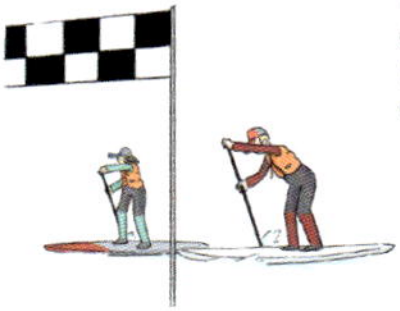

Verbessere deine Fitness durch Paddeln – am besten mit Freunden und Freundinnen oder in der Gruppe.

12 Vorbild sein

Sei ein echter SUP-Fan und nimm dir die Regeln zu Herzen. Kommuniziere und kläre auf, falls dein SUP-Revier unangemessen behandelt wird. Stand Up Paddling ist ein junger Sport und erfreut sich zunehmender Begeisterung auf unseren Gewässern. Respektiert andere Wassersporttreibende, gebt acht aufeinander und beharrt nicht unbedingt auf eurem Recht, sondern gebt anderen die Chance, es besser zu machen.

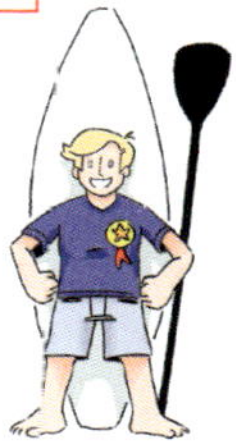

DEUTSCHER KANU-VERBAND E.V.
www.kanu.de | www.sup-germany.com

DEUTSCHER WELLENREIT VERBAND E.V.
www.wellenreitverband.de

GERMAN STAND UP PADDLE ASSOCIATION E.V.
www.gsupa.com

Deutscher Kanu-Verband

Deutscher Kanu-Verband e.V.
– Bundesgeschäftsstelle –
Bertaallee 8, 47055 Duisburg
Telefon 0203/99759-0
Fax 0203/99759-60
www.kanu.de service@kanu.de

/kanuverband /kanuverband /deutscherkanuverband

FORTGESCHRITTENEN-KURS

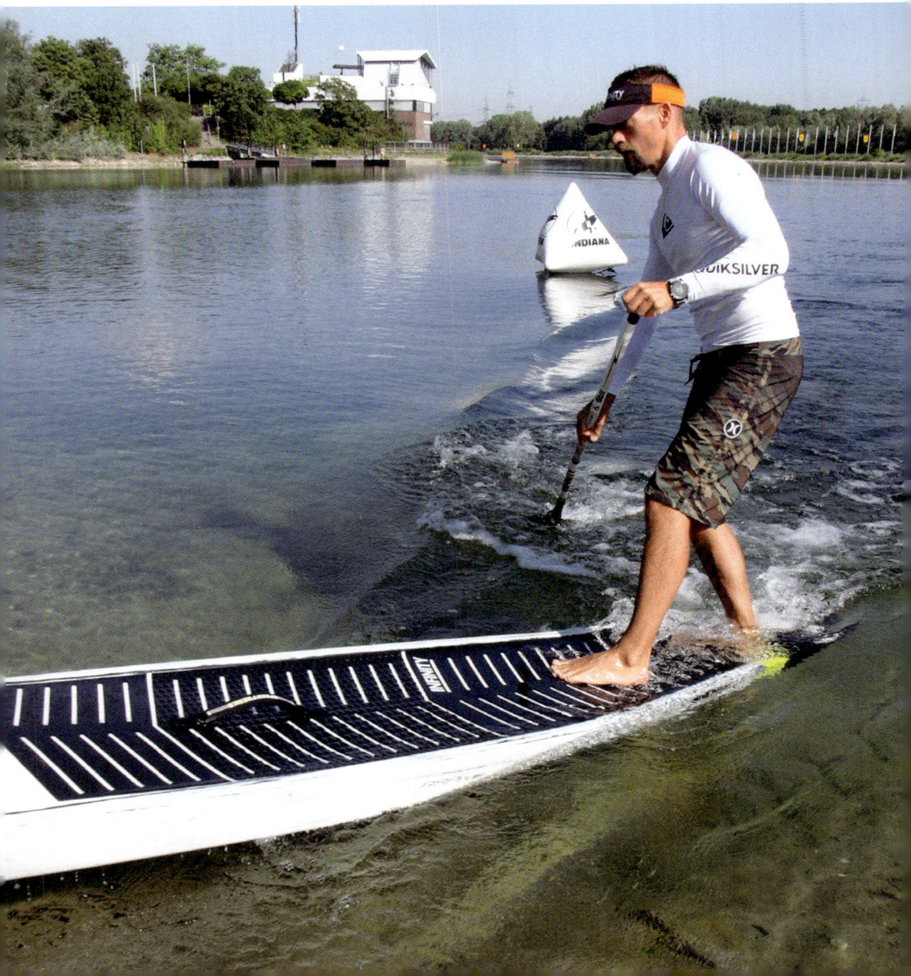

Auch wenn ein SUP-Kurs belegt wurde und die Erfahrung auf dem Wasser schon weit über »erste Paddelversuche« hinausgeht, gibt es noch ein paar Dinge, die jeder SUPer für sich tun kann, um eine gute und bessere Zeit auf dem Wasser zu haben. In erster Linie handelt es sich dabei um etwas, das bei Schülern oft wenig beliebt ist: Üben! Für das Üben braucht es Zeit und Geduld. Auch beim Stand-up-Paddling gibt es Dinge, die nur mit der Zeit erlernt werden können. Besonders schwierig ist es, sich alte und (eventuell) falsche Paddelmethoden abzugewöhnen. Das Gleiche gilt für eine ungesunde Körperhaltung, die über einen längeren Zeitraum angewöhnt wurde.

Was ist zu tun? Zum einen kann einem das Trainieren in einer Gruppe Gleichgesinnter helfen, die unterstützend wirken und von außen konstruktive Anmerkungen einbringen können. Um die Körper- und Paddelhaltung zu verbessern, kann ebenfalls eine Kamera genutzt werden, mit der es möglich ist sich im Nachhinein seine eigene Paddeltechnik anzuschauen. Für das Erlernen komplexerer Paddelschläge und Bewegungsabläufe ist es sehr von Vorteil, die richtige Bewegung sehr langsam, quasi in Zeitlupe, einzustudieren. Mit dieser Methode verfestigt sich der Bewegungsablauf und wird später zu einem routinierten Paddelzug. Ebenfalls hilfreich ist es, einen schwierigen oder ungewohnten Bewegungsablauf in kleinere Schritte zu zerlegen und diesen in Teilabschnitten zu erlernen.

HINWEIS: Das Ziel dieses Fortgeschrittenen Kurses ist es nicht, möglichst schnell von A nach B zu kommen, sondern möglichst effektiv. Das Gleiche gilt für die dargestellten Manöver, bei denen geht es in erster Linie um das vereinfachen des Handlings mit dem Board.

SCHNELLER AUF DAS BOARD UND WIEDER RUNTER

AUF DAS BOARD, AUS DEM STAND

BEWEGUNGSABLAUF ››

Mit dem Paddel das Board stabilisieren und in die gewünschte Position dirigieren 1.

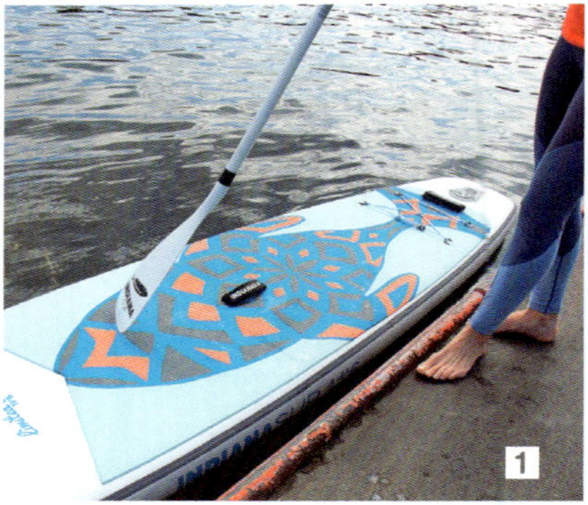

Das Paddelblatt auf das Deckpad stellen (ca. zwischen Boardmitte und Rail) den Fuß, der dem Wasser zugewandt ist, zentral (mittig) auf das Board setzen 2.

Das Körpergewicht Richtung Board verlagern und Druck auf das Paddel ausüben 3.

Den anderen Fuß auf das Deckpad stellen, in der Position in der gepaddelt werden soll, weiterhin das Paddel als Stütze nutzen 4.

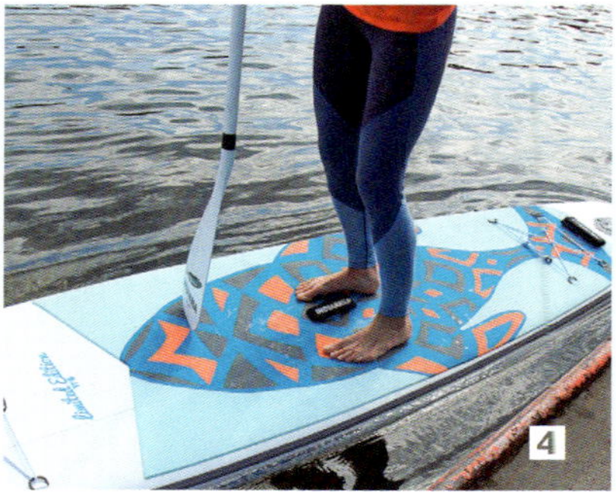

Den Fuß, der dem Wasser zugewandt ist, Richtung Rail bewegen und das Paddel aufnehmen 5.

Los SUPen und vom Steg entfernen 6.

EXPERTEN TIPP

Die Gewichtsverlagerung, das Abstützen mit Hilfe des Paddels und das seitliche Bewegen der Füße auf dem Deckpad, lässt sich gut in freiem Wasser und ohne Zuschauer üben.

ALLGEMEIN: Der Weg auf das Board, von einer Steganlage aus, ist aus dem Stand heraus natürlich am schnellsten. Allerdings empfiehlt sich dieser „Aufstieg“ nur mit genügend Boardgefühl und bei guten Bedingungen (flaches Wasser, wenig Wind). Ein Sturz auf den Steg ist nicht nur eine schmerzhafte Sache, sondern führt wahrscheinlich auch zur Schadenfreude bei möglichen Zuschauern.

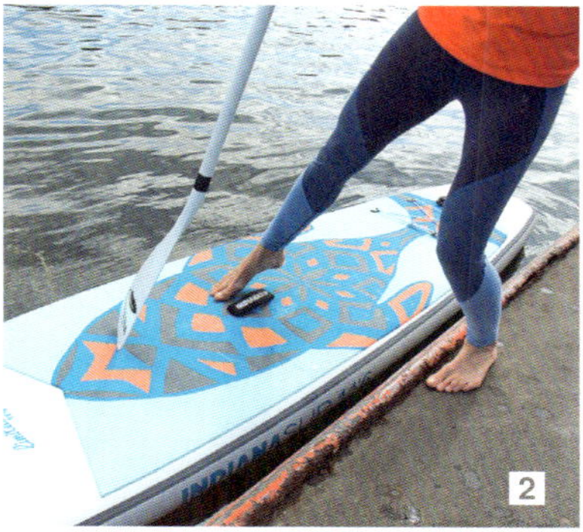

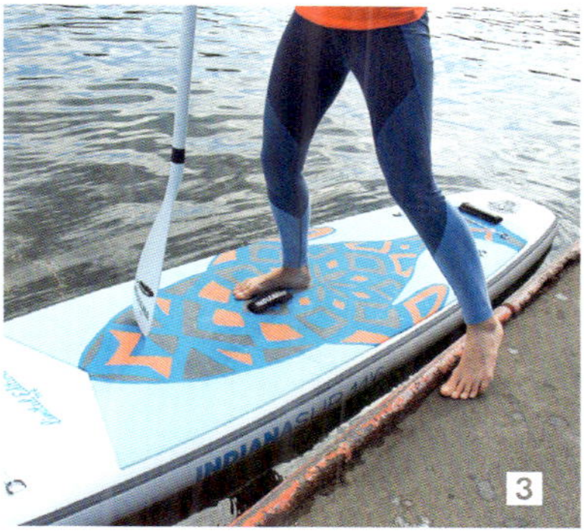

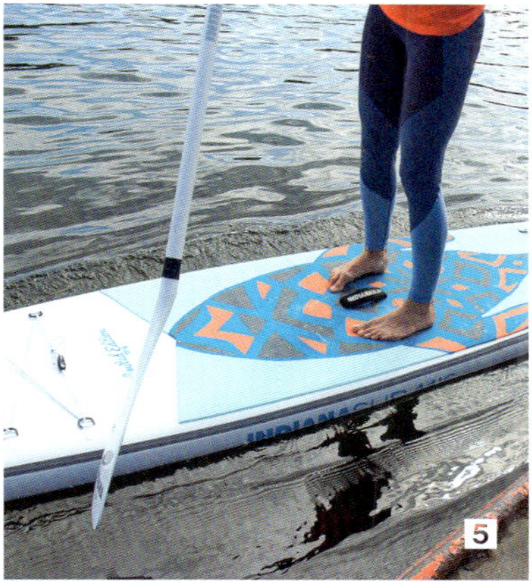

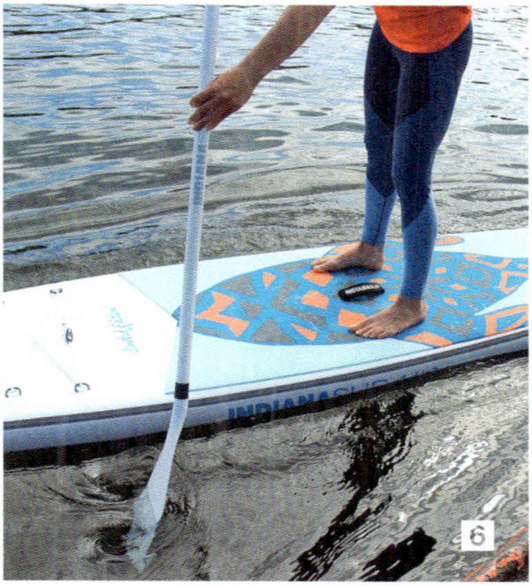

RUNTER VOM BOARD, AUS DEM STAND

ALLGEMEIN: Der schnelle Weg vom Board, funktioniert ebenfalls aus dem Stand heraus. Es gelten die gleichen Vorsichtsmaßnahmen wie beim „Boarding".

BEWEGUNGSABLAUF »

Das Board parallel neben dem Steg zum stillstand bringen und das Paddel auf der Wasser zugewandten Seite auf das Deckpad stellen **1**.

Den äußeren Fuß in Richtung Boardmitte bewegen und gleichzeitig das Brett mit Hilfe des Paddels ausbalancieren **2**.

Den inneren Fuß entlasten **3** und auf den Steg setzen (nur mit dem Vorderfuß). Dabei die Körpermitte über dem Board belassen und mit dem Paddel abstützen **4**.

Das Körpergewicht auf den Steg verlagern und weiterhin mit dem Paddel abstützen **5**. Mit dem Paddelblatt das Board vor dem Abtreiben sichern **6**.

HINWEIS: Möglichst mit dem Board (Rails) den Kontakt zum Steg vermeiden. Zum einen, weil sich das Board verklemmen kann, was zu einem unschönen Abgang führt und zum anderen, hinterlassen die meisten Steganlagen unschöne Spuren an den Rails.

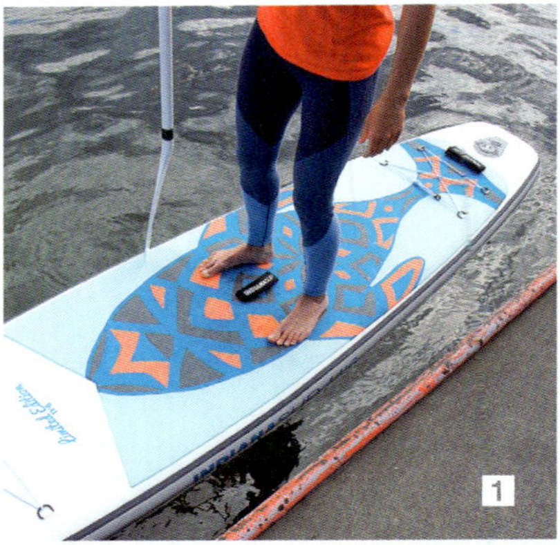

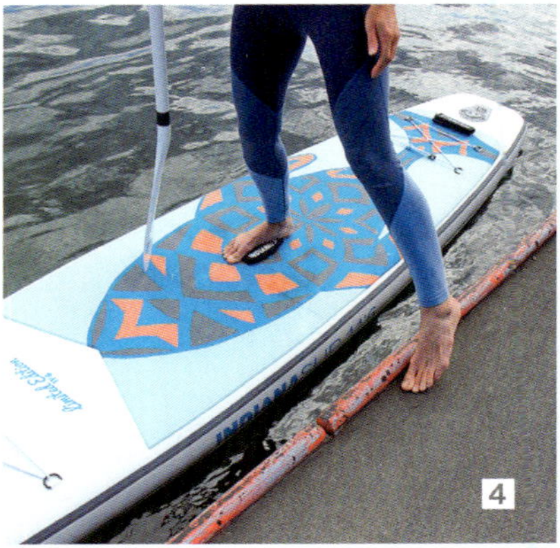

Gutes Boardgefühl und gute Bedingungen (flaches Wasser, wenig Wind), sind die Voraussetzungen für dieses Manöver.

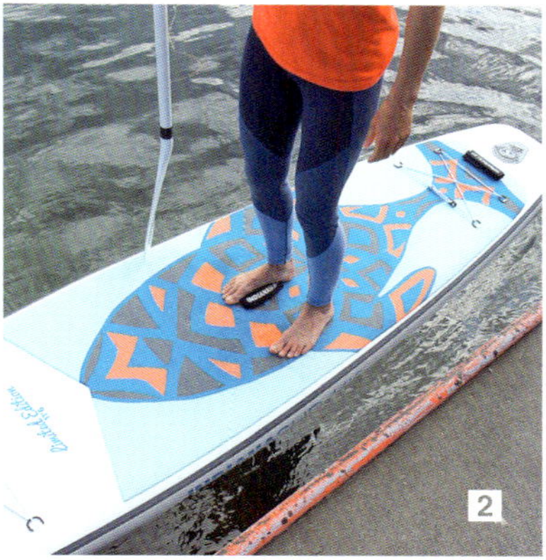

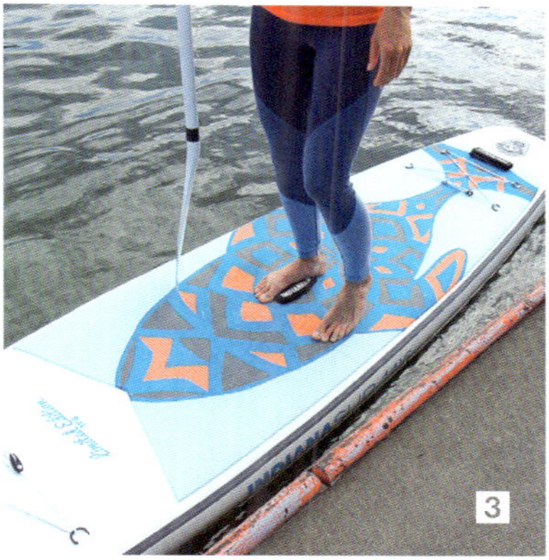

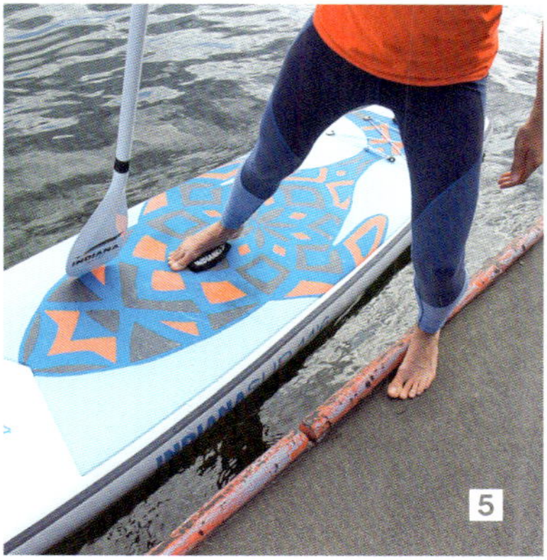

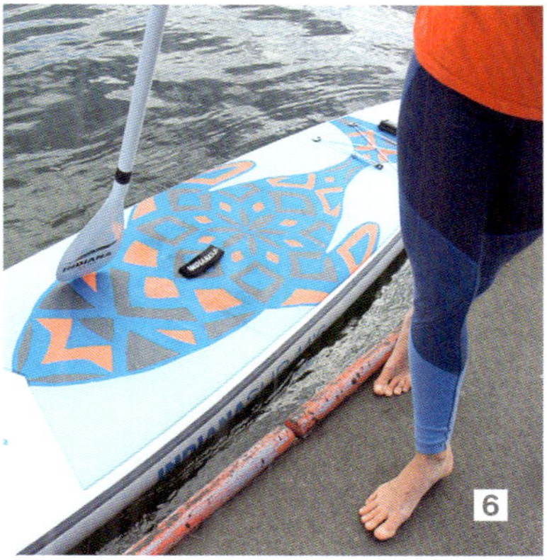

SCHNELL AUF DAS BOARD, AUS KNIETIEFEM WASSER

ALLGEMEIN: Mit etwas Gelenkigkeit geht es aus knietiefem Wasser direkt auf das Board in die Senkrechte.

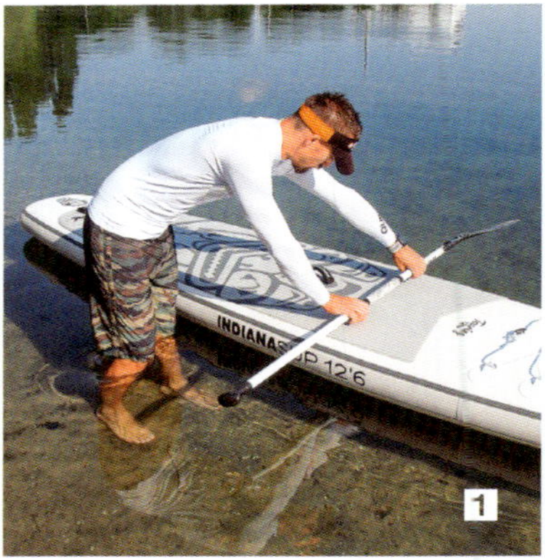

BEWEGUNGSABLAUF ››

Das Board ausrichten, neben dem Brett auf Höhe der Boardmitte stehen und das Paddel mit beiden Händen quer vor die Griffschlaufe-/mulde legen 1.

Den inneren Fuß direkt auf die Stelle beim Deckpad setzen, die beim Paddeln genutzt wird. Gleichzeitig das Brett mit beiden Händen ausbalancieren 2.

Das Körpergewicht nach vorne verlagern, mit beiden Händen abstützen 3 und den anderen Fuß auf das Deckpad stellen 4.

Den Oberkörper aufrichten und dabei das Paddel mit aufnehmen 5.

Lospaddeln und dabei das Board stabilisieren 6.

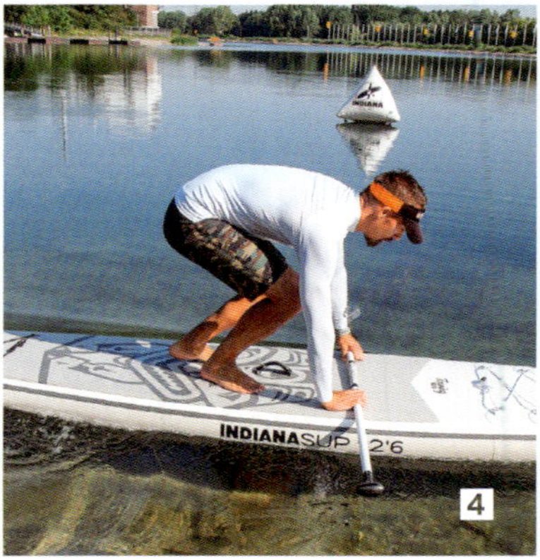

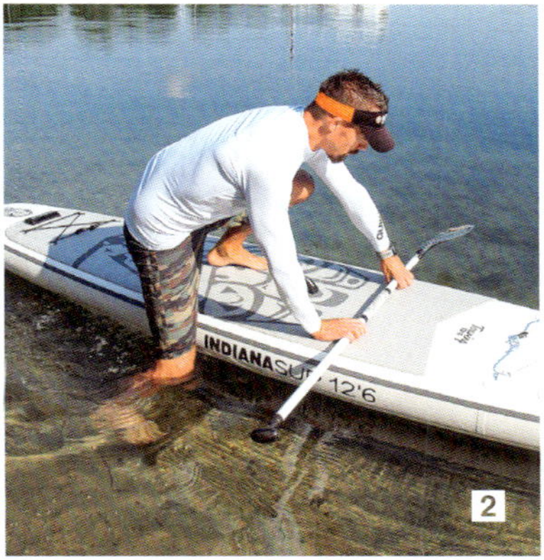
INDIANASUP 12'6
2

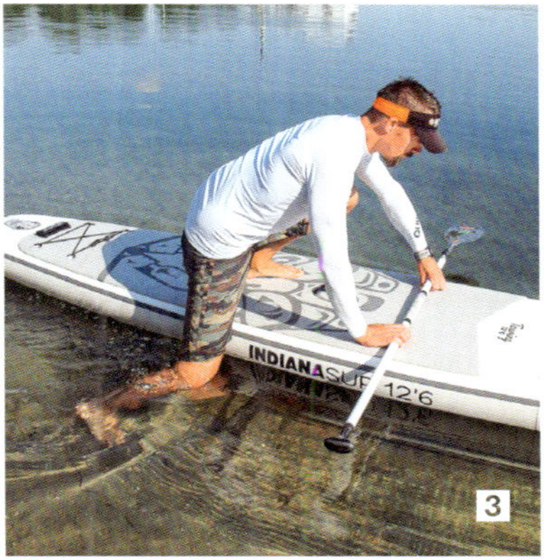
INDIANASUP 12'6
3

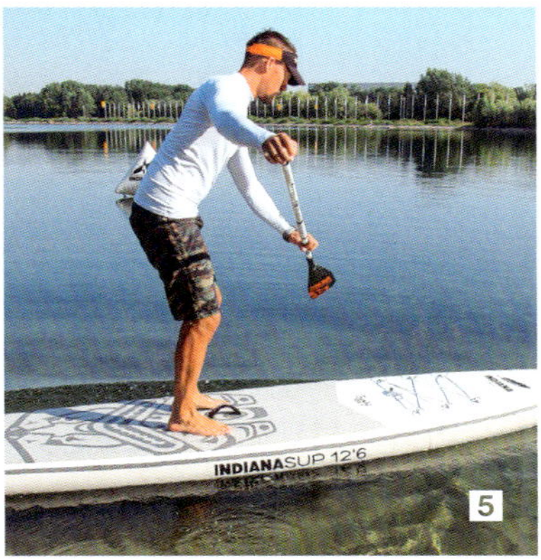
INDIANASUP 12'6
5

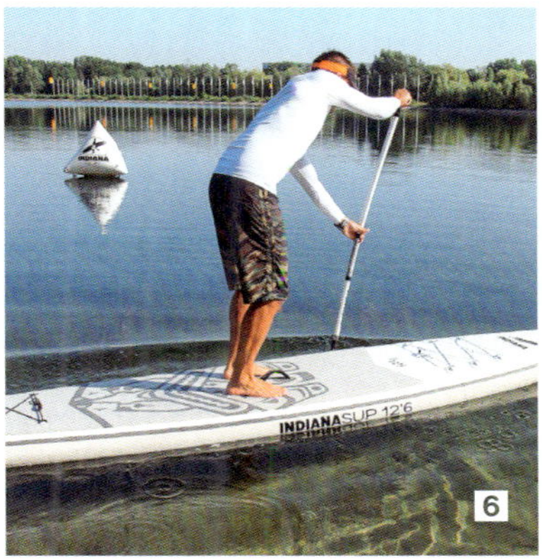
INDIANASUP 12'6
6

ANSPRUCHSVOLLE PADDELTECHNIKEN

SCHLAGFREQUENZ

Neben allen Technikmanövern, verschiedenen Paddelschlägen, unterschiedlichen Board-Längen und -Breiten gibt es noch ein paar andere Faktoren, die dazu beitragen, dass die Zeit auf dem Wasser ein gutes Erlebnis ist – oder eben nicht.

Eine der entscheidenden Fragen ist, ob einem mehr das hochfrequente oder das niederfrequente Paddeln liegt. Das ist vergleichbar mit zwei Radfahrern, die unangestrengt die gleiche Geschwindigkeit fahren, wobei der eine Fahrer eine hohe Pedalumdrehung tritt und der andere Fahrer eine niedrige Umdrehung. Schnelligkeit oder Kraft, das gleiche Prinzip gibt es auch beim Stand-up-Paddling. Der eine SUPer hat eine hohe Schlagzahl (viele Paddelzüge) und der andere Paddler hat eine niedrige Schlagzahl (wenige Paddelzüge), aber beide fahren die gleiche Geschwindigkeit. In der Regel nutzt der Paddler mit der hohen Schlagfrequenz ein Paddel mit einer kleineren Blattfläche und die Paddelzüge sind deutlich kürzer. Die einzelnen Paddelschläge werden dementsprechend weniger kraftvoll ausgeführt. Bei dem SUPer mit der niedrigen Frequenz ist es umgekehrt. Bei ihm ist das Paddelblatt größer und die Paddelzüge fallen länger aus. Die einzelnen Paddelschläge werden dementsprechend kraftvoller ausgeführt. Ob einem das langhubige oder das kurzhubige Paddeln besser gefällt, muss jeder für sich entscheiden. Meistens stellt sich diese Frage erst mit einiger SUP-Erfahrung und im Vergleich mit anderen Paddlern.

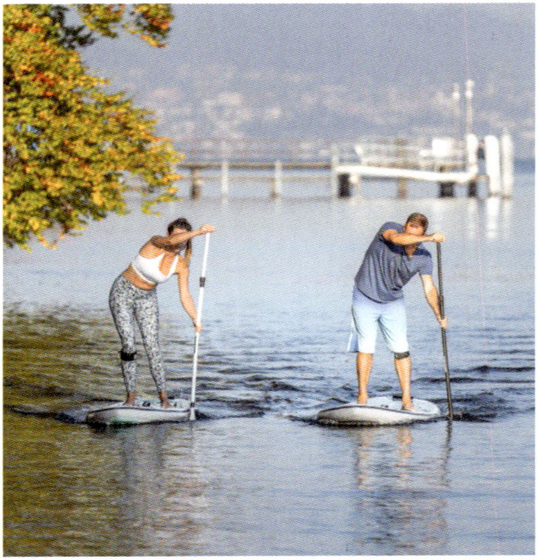

Entspannt im gleichen Takt.

Hinzu kommt, dass die jeweilige Körpergröße ebenfalls eine Rolle für die Schlagfrequenz spielen kann. Einem großem SUPer fällt es anatomisch leichter, einen langen Paddelzug zu machen, als einer kleineren Person.

DER „PERFEKTE“ PADDELSCHLAG (ALLGEMEIN)

MEIN DAMALIGER JUGEND-KANUTRAINER SAGTE IMMER: „RUHIGES WASSER UND NICHT SPRITZEN!“

Das ist mir bis heute in Erinnerung geblieben und sagt im Grunde genommen schon alles aus. Es bedeutet, dass jeglicher Paddelschlag so ausgeführt werden soll, dass von der Eintauchphase bis zum Ende des gesamten Paddelzuges, kein Wasser aufspritzt und das Wasser rund um das Paddel (möglichst) ruhig ist.

Der Hintergrund ist, dass die gesamte Energie des Zuges in die Fortbewegung fließen soll und nicht mit unruhigem- aufspritzenden Wasser vergeudet wird.

Vereinfacht läuft der allgemeine „perfekte“ Paddelzug wie folgt ab:

1. **Eintauchen:** Das Paddel wird in das Wasser gestochen, ohne Kraftaufwand und aufspritzendes Wasser, bis das komplette Paddelblatt eingetaucht ist.

2. **Zugphase:** Erst jetzt wird Druck auf das Paddel ausgeübt und das Paddelblatt durch das Wasser gezogen. Je nach Geschwindigkeitswunsch, mehr oder weniger kräftig. Dabei sollen möglichst keine Strudel hinter dem Paddel entstehen. Sollte dies der Fall sein!? Das Paddel tiefer einstechen und durch das Wasser führen.

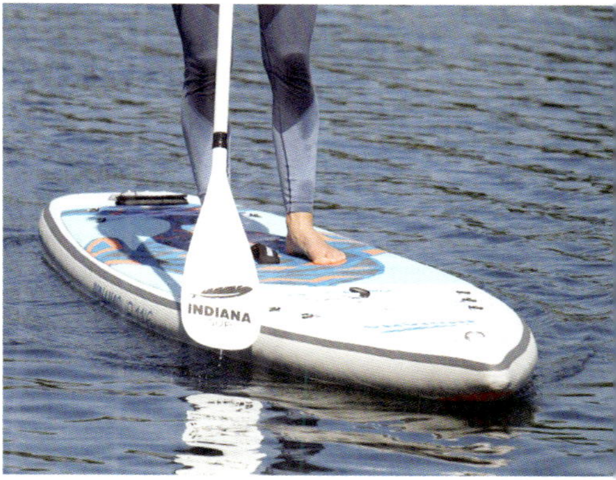

Vor der Eintauchphase.

3. **Entlasten:** Das Paddel bis zu einem definierten Punkt durch das Wasser ziehen. Den Druck vom Paddelblatt nehmen und dieses komplett entlasten. Dann erst das Paddelblatt zügig ohne Kraftaufwand aus dem Wasser ziehen, ohne zu spritzen oder Wellenschlag.

4. Rückführung: Das Paddel entspannt und ohne Anspannung zurück zum Einstechpunkt führen. Optimalerweise wird bei der Rückführung das Paddel um 90° gedreht, so dass das Paddelblatt weniger Windwiederstand bietet. Dies empfiehlt sich besonders bei höheren Geschwindigkeiten oder stärkerem Gegenwind beim Geradeaus-SUPen.

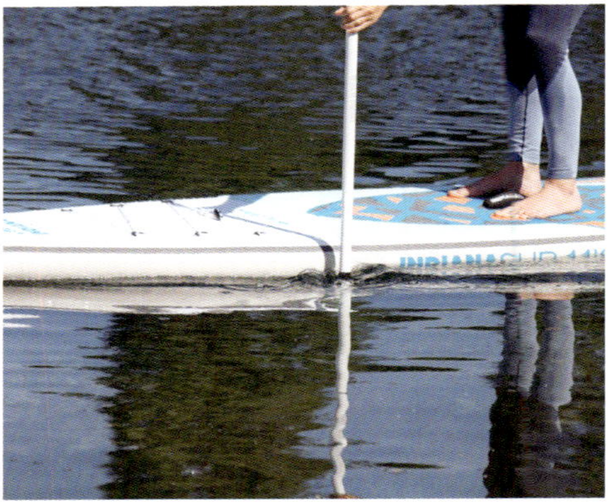

Die Zugphase.

HINWEIS: Die einzelnen Schritte lassen sich sehr gut separat Trainieren und müssen am Anfang nicht in einem Rutsch verinnerlicht werden. Ein flüssiger Bewegungsablauf, der unterbewusst ausgeführt wird, kann sich erst später einstellen.

Darauf aufbauend lässt sich z.B. der UJ-Schlag (Seite 69) für ein optimiertes Geradeaus-Paddeln oder verschiedene Paddelschläge für diverse Manöver.

EXPERTEN TIPP

Um in einen Paddel-Flow zu kommen, ist es hilfreich gleichfalls die Atmung bewusst zu steuern. So macht es Sinn unter Belastung, also in der Zugphase, auszuatmen und in der Entlastung (Rückführungs-Phase) einzuatmen.

UMGEKEHRTER J-SCHLAG

ALLGEMEIN

Um häufiges Wechseln der Paddelseite zu vermeiden, bietet sich der umgekehrte J-Schlag (kurz UJ-Schlag) an. Der Name rührt daher, weil der Paddelzug von oben betrachtet wie ein J aussieht, welches auf dem Kopf steht.

Beim Einstechen des Paddelblatts zeigt dieses einen offenen Winkel von 20 bis 30 Grad in Richtung des Boards auf. Der Einstechpunkt liegt ca. 20 bis 30 Zentimeter von der vorderen Board-Kante entfernt. Optimalerweise befindet sich der Paddelgriff auf Höhe des Paddelblatts (in der Längsachse) oder sogar »überdehnt« vom Körper weg. Der untere Arm ist zu Beginn des Zuges und vor dem Einstechen des Paddelblatts gestreckt. Das Paddelblatt wird komplett eingetaucht und in einer leichten Drehbewegung in Richtung Board gezogen. Beim Erreichen der Board-Kante mit dem Paddelschaft wird das Paddelblatt geradegestellt und weist dann einen 90°-Winkel zum Board auf. Das Paddelblatt wird entlang des Boards durchgezogen, dabei bleibt der Paddelgriff auf Höhe der Board-Kante. Das Paddelblatt wird maximal soweit durch das Wasser gezogen, bis sich die untere Hand auf Höhe des Oberschenkels befindet. Nun das Paddel ohne Verdrehen aus dem Wasser ziehen, dabei den Oberkörper komplett aufrichten und das Paddel gleichzeitig nach vorne führen.

Je weiter vorne das Paddel eingestochen wird, desto geringer kann der Winkel des Paddelblatts ausfallen. Je größer der Winkel des Paddelblatts am Anfang des Zuges ist, desto größer ist die Reaktion der Board-Spitze (Nose) beim SUPen. Je weiter das Paddel beim Einstechen vom Board entfernt ist, desto größer fällt die Gegenbewegung in Richtung Paddel aus und desto geringer wird die Geschwindigkeit.

HINWEIS: Diese Technik und dieser Paddelzug verlangen dem SUPer einiges an Konzentration und Geduld ab. Zu bedenken ist zudem, dass jeder Paddelzug angepasst werden muss. Dies bedeutet, dass es eine Zeit dauert, bis die Fertigkeit in Routine übergeht. Wird diese Technik allerdings beherrscht und ist einem das Zusammenspiel von Einstechwinkel, Blattdrehung und gerader Zugstrecke verständlich, ergeben sich neue Paddelmöglichkeiten. So ist es mit dem »umgekehrten J-Schlag« möglich, egal mit welchem Board, ob schmaler Racer oder kurzer, breiter Allrounder, jede Strecke schnurgerade zu SUPen. Dabei kann das Paddel nur auf einer Board-Seite geführt werden und muss nicht zwangsläufig nach X Schlägen gewechselt werden.

BEWEGUNGSABLAUF VOR DEM PADDELZUG ››

Die Bilder zeigen die Grundpaddelhaltung, vor dem einstechen des Paddels in das Wasser. Der untere Arm ist gestreckt und das Paddelblatt leicht vom Board weggedreht. Die obere Hand (am Paddelgriff) ist für die Drehung des Paddelblatt verantwortlich.

HINWEIS: Um einen längeren Paddelzug auszuführen, muss der Oberkörper mehr nach vorne gebeugt und die Griffweite am Paddel erhöht werden.

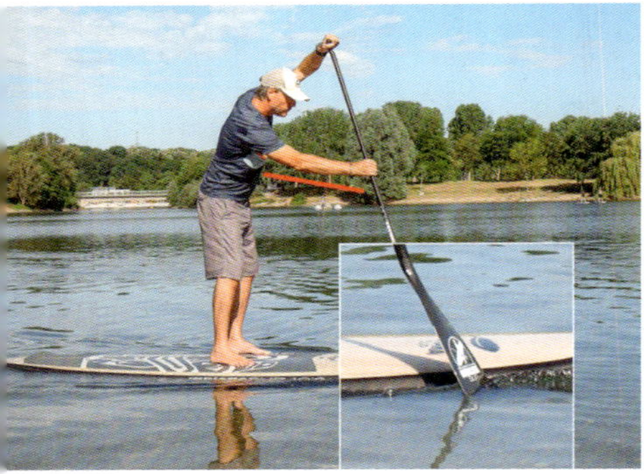

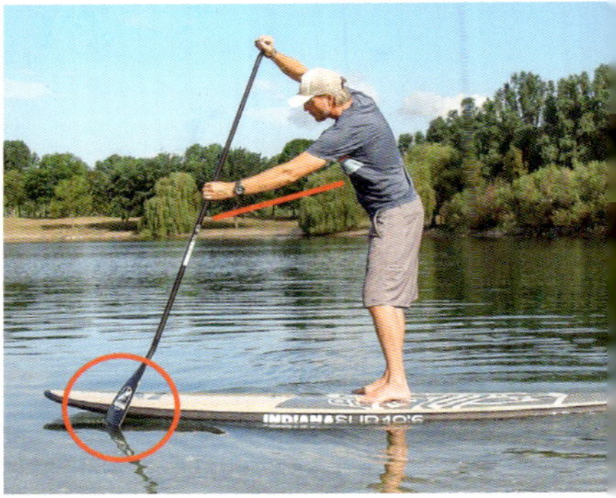

EXPERTEN TIPP

Wird dieser Paddelschlag überspitzt, ist es machbar, dass z. B. nur auf der linken Board-Seite gepaddelt wird, sodass das Board eine Linkskurve fährt, ohne dass sich die Geschwindigkeit wesentlich verringert.

BEWEGUNGSABLAUF ZUR VERDEUTLICHUNG DER EINTAUCHPHASE ››

Das Paddelblatt in einem offenen Winkel neben dem Board in das Wasser komplett eintauchen 1 und in einer Drehbewegung Richtung Rail führen 2. Das Blatt drehen (quer zur Rail) und das Paddel kraftvoll durch das Wasser ziehen 3. Ende des Schlages 4.

ANMERKUNG: Der rote Punkt dient zur Verdeutlichung der Vorwärtsbewegung.

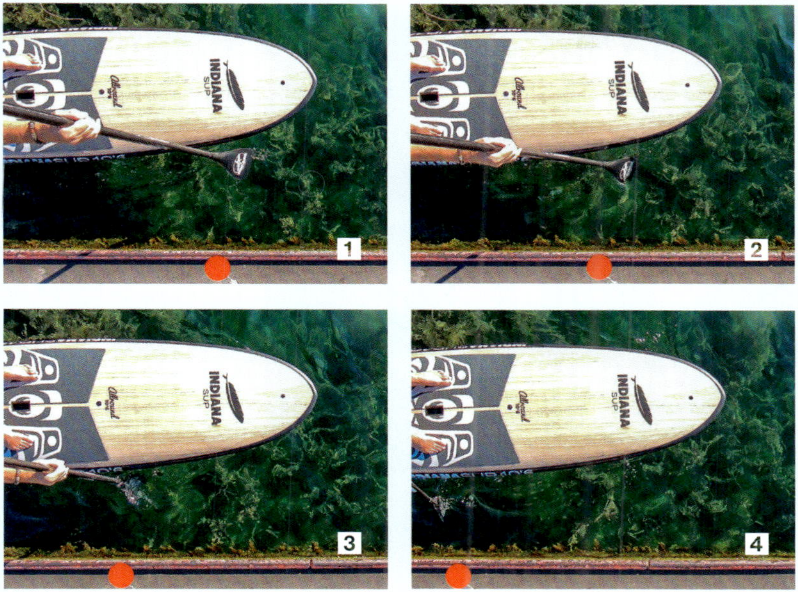

BEWEGUNGSABLAUF ZUR VERDEUTLICHUNG DER EINTAUCHPHASE ››

Das Paddelblatt zeigt am Anfang des UJ-Schlag in einem offenen Winkel in das Wasser eintauchen 1 und in einer flüssigen Dreh-Zug-Bewegung Richtung Rail führen, bis sich das Paddelblatt quer (im 90° Winkel) zum Board befindet 2 & 3. Zug- und Druckphase über die restliche Schlaglänge 4 – 5.

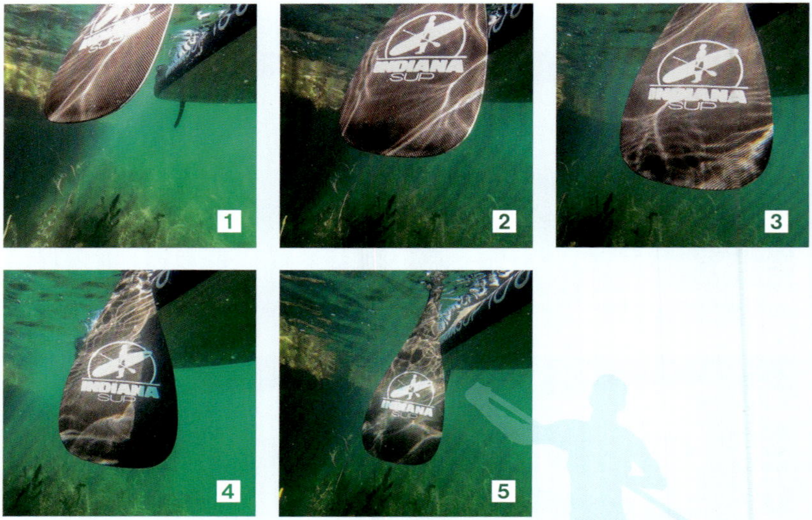

BEWEGUNGSABLAUF UND BOARDBEWEGUNG »

Eintauchphase 1, Paddelblatt bewegt sich in Richtung Rail 2, Paddelblatt ist quer zum Board 3, Zugstrecke und Vorwärtsbewegung 4 – 6, Ende des Schlages 7. Rückführung des Paddels 8.

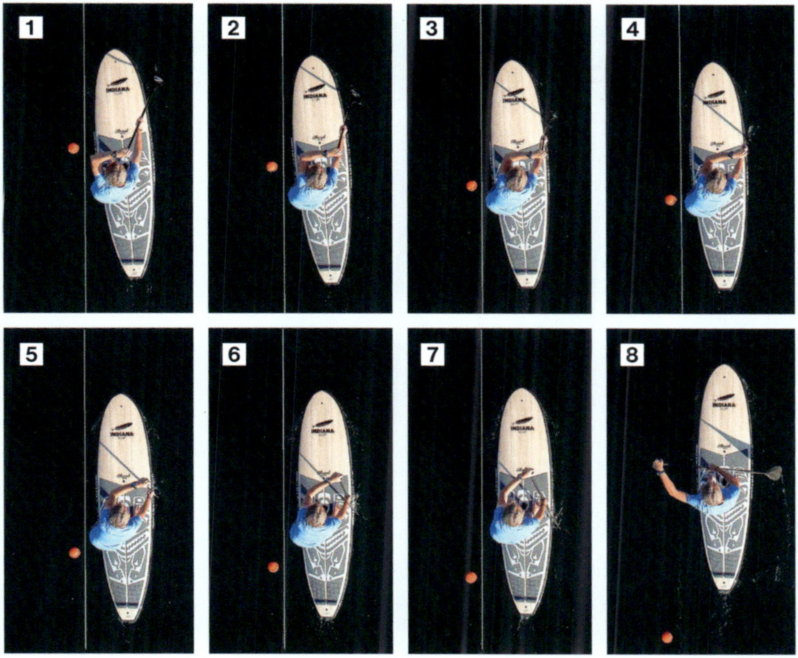

ANMERKUNG: Die Bilderserie lässt gut erkennen, dass sich ab Bild 3 der Bug des Board leicht nach rechts dreht und das Board geradeaus läuft. Anhand der roten Boje lässt sich die Vorwärtsbewegung und zurückgelegte Distanz (ca. 3m) gut erkennen.

SCHNELL GERADEAUS

ALLGEMEIN: Um eine längere Strecke zügiger zu SUPen braucht es ein wenig Kondition und eine routinierte Technik. Die Grundprinzipien setzen sich aus einer effektiven Paddelführung und einer guten Boardkontrolle zusammen. Ebenfalls ist es beim kraftvollen Paddeln wichtig, dass bewusst ein- und ausgeatmet wird. Dies bedeutet das

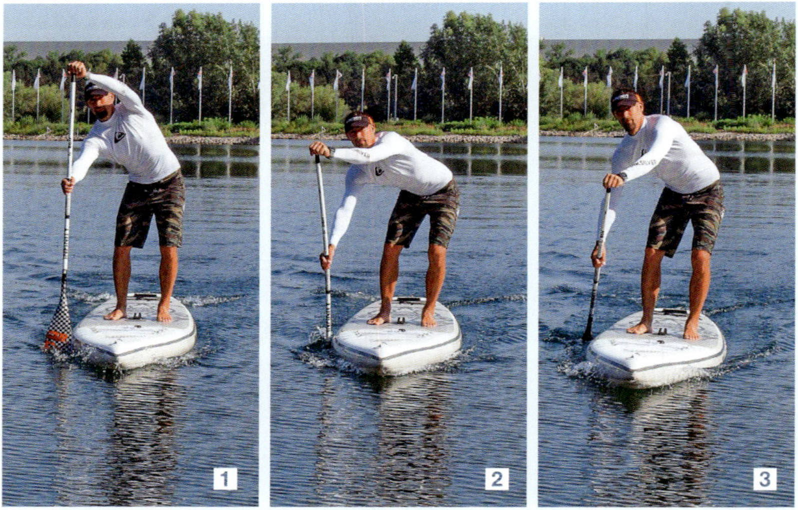

BEWEGUNGSABLAUF »

Fester Stand auf dem Board, das Paddelblatt möglichst senkrecht eintauchen 1 und den Oberkörper weit nach vorne beugen 2.
Kraftvoll das Paddel durch das Wasser führen und dabei den Oberkörper aufrichten, der mit den Armen zusammen die Kraft auf das Paddel überträgt 3.
Das Paddelblatt zügig aus dem Wasser ziehen und nach vorne führen 4.
Das Paddelblatt weit vorne wieder in das Wasser einstechen 5 und den nächsten Zug ausführen 6.

in der Belastungsphase ausgeatmet und in der Entlastungsphase eingeatmet wird. Ebenso sollte darauf geachtet werden, dass zwischen den Paddelzügen immer eine (kurze) Muskelentspannung stattfindet. Da ansonsten die Energiereserven zu schnell aufgebraucht sind und es zu Verspannungen und Übersäuerung der Muskeln kommt.

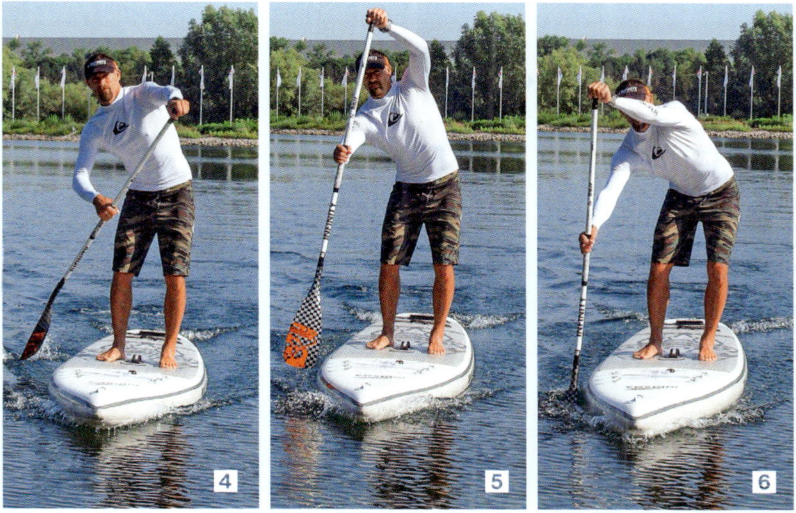

HINWEIS: Um möglichst viel Energie in den Vortrieb zu bekommen, ist es wichtig das die benötigte Kraft nicht nur aus dem Armen kommt, sondern der gesamte Oberkörper beim Paddelschlag eingesetzt wird.

EXPERTEN TIPP

Bei schnellerem SUPen neigen vor allem kurze Boards dazu, dass sich der Bug aus dem Wasser hebt. Daher empfiehlt es sich den Stand (Gewicht) auf dem Board nach vorne zu verlagern, so dass das Brett besser durch das Wasser gleitet.

SCHNELL GERADEAUS

FÜR EINEN SPRINT ODER UM EINE MÖGLICHST HOHE GESCHWINDIGKEIT ZU SUPEN, GIBT ES NOCH FOLGENDE OPTIONEN.

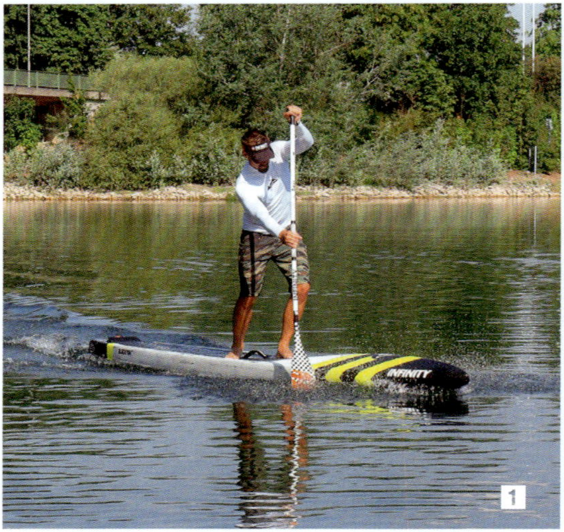

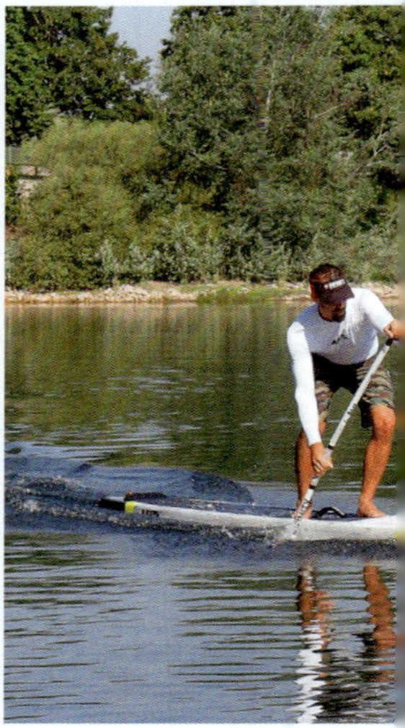

BEWEGUNGSABLAUF »

Der Stand auf dem Board wechselt in den „Surf-Stand“, die Füße stehen nicht mehr parallel nebeneinander, sondern leicht versetzt. Das Paddel wird weit gegriffen, so dass ein langer Paddelzug möglich wird 1.
Der Oberkörper beugt sich weit nach vorne und die Arme ziehen möglichst schnell das Paddelblatt durch das Wasser 2.
Das Paddel wird möglichst schnell zurück nach vorne geführt 3.

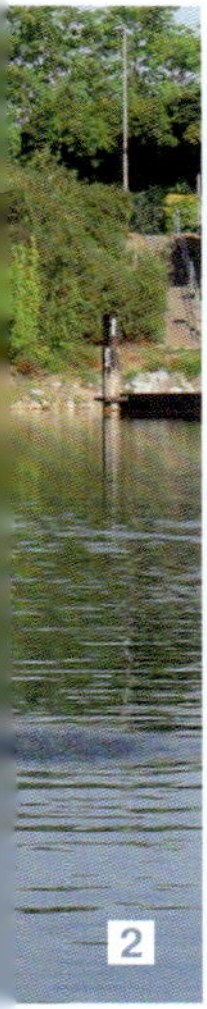

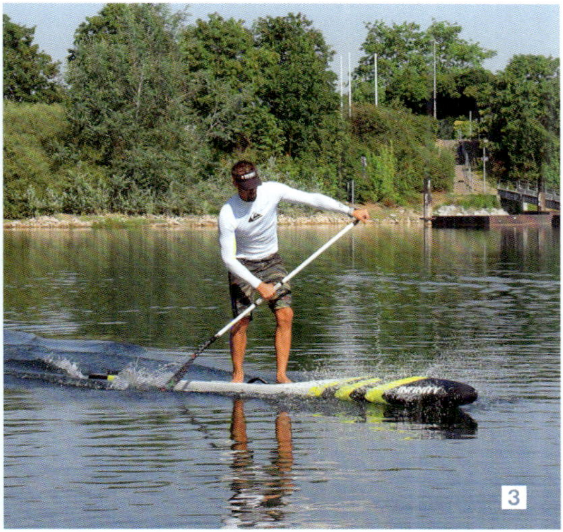

HINWEIS: Ziel ist es eine möglichst hohe Geschwindigkeit zu erreichen, daher ist eine hohe Schlagfrequenz nötig. Dies bedeutet, dass zwischen den einzelnen Paddelschlägen kein komplettes aufrichten des Oberkörpers stattfindet.

SIEHE AUCH › ÜBUNGEN › AB SEITE 112

BREMSEN, AUS DER SCHNELLEN VORWÄRTS-

ALLGEMEIN: Um Das Board aus einer hohen Geschwindigkeit zu bremsen sind 2 bis 3 kräftige Gegenschläge nötig. Ebenfalls ist ein fester und sicherer Stand auf dem Brett unbedingt notwendig, da ansonsten nicht nur die Füße nass

BEWEGUNGSABLAUF ››

Das Paddelblatt weit hinten in das Wasser eintauchen, das Körpergewicht nach hinten verlagern und beginnen das Paddelblatt gegen die Fahrtrichtung nach vorne zu drücken 1.

Gegendruck aufbauen und mit dem Körpergewicht ausgleichen 2.

Das Paddel bis auf die Höhe der Füße nach vorne drücken 3.

Das Paddel schnell aus dem Wasser ziehen und zügig die Paddelseite wechseln 4.

Das Paddelblatt hinten wieder einstechen 5 und nach vorne gegen die Fahrtrichtung drücken 6.

HINWEIS: Je dichter das Paddel entlang der Rails geführt wird, desto weniger dreht sich das Board beim Bremsen.

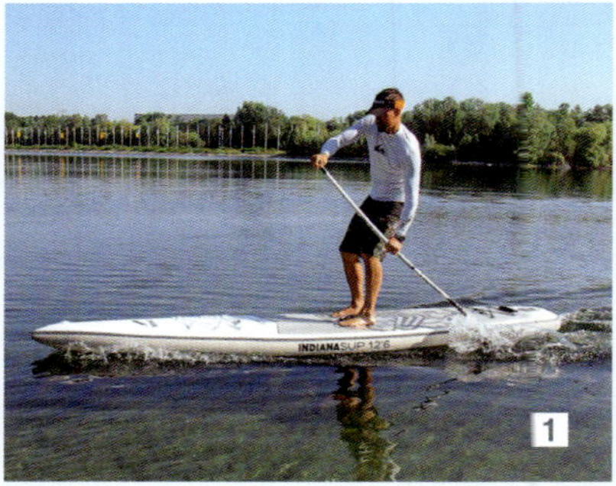

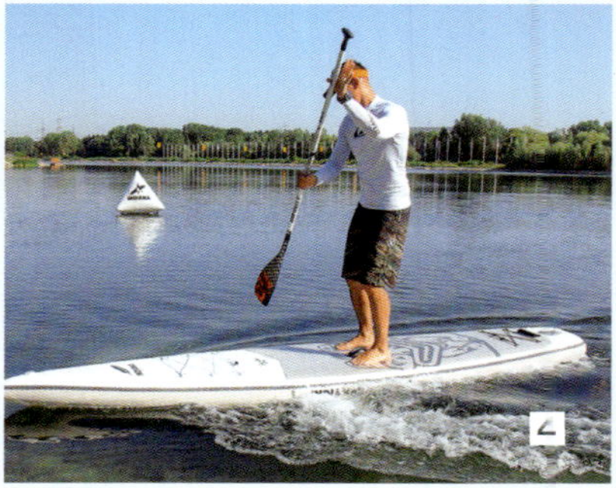

BEWEGUNG

werden. Ebenso ist zu bedenken, dass das Paddel einer hohen Belastung ausgesetzt wird und dieses Manöver für manchen Schaft einen extremen Materialtest darstellt.

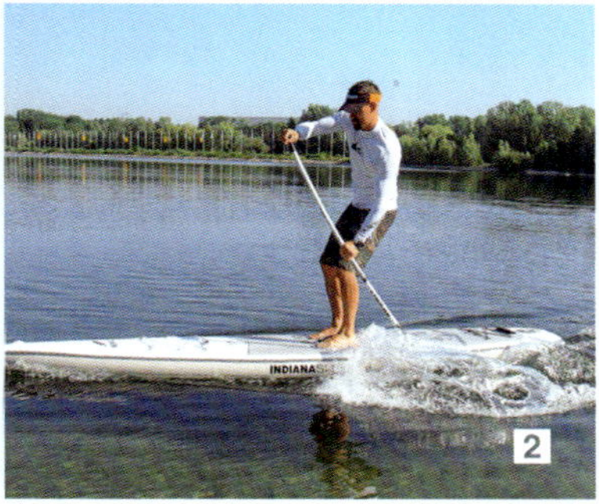

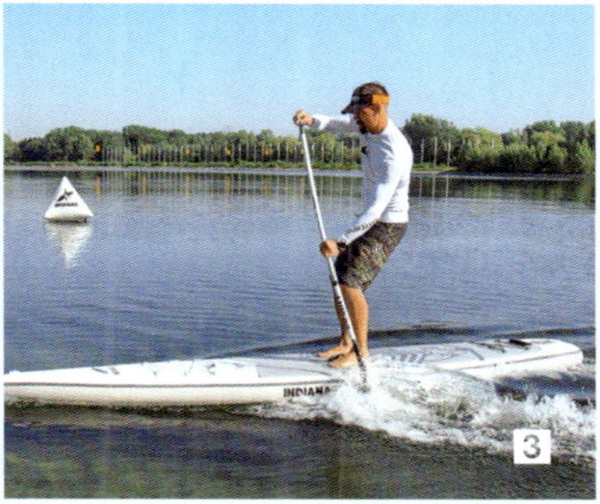

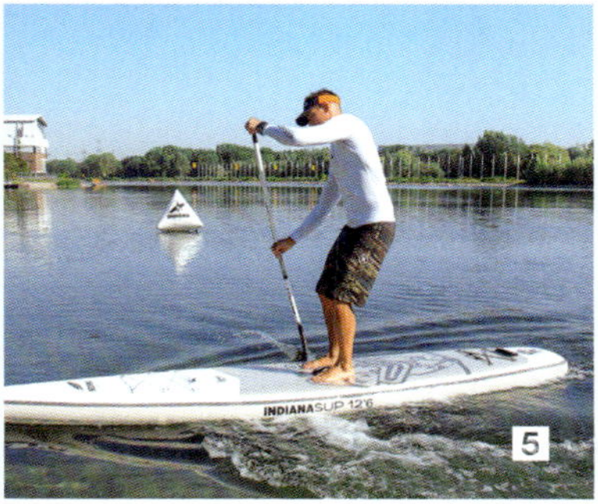

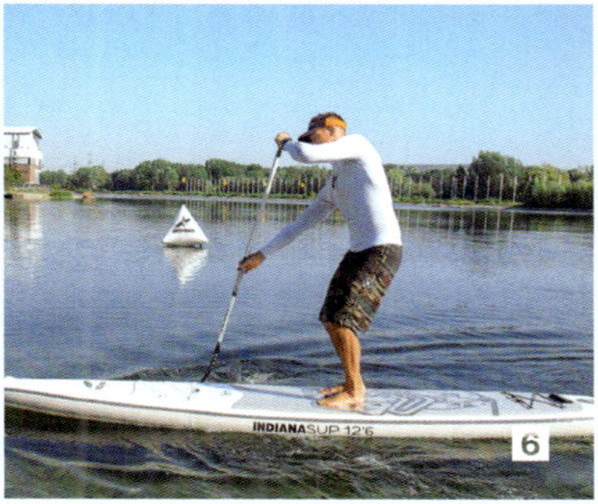

BREMSEN, AUS DER SCHNELLEN VORWÄRTSBEWEGUNG II

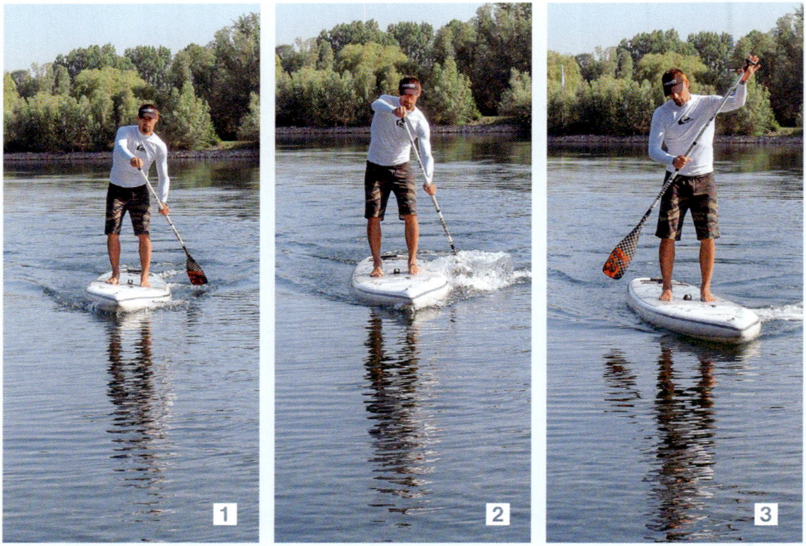

BEWEGUNGSABLAUF II ››

Das Paddelblatt dicht an der Rail hinter den Füßen in das Wasser stechen 1 und kraftvoll nach vorne drücken 2. Schnell die Paddelseite wechseln 3 und das Paddelblatt wieder hinter den Füßen, dicht an der Rail in das Wasser tauchen 4 und nach vorne drücken 5.

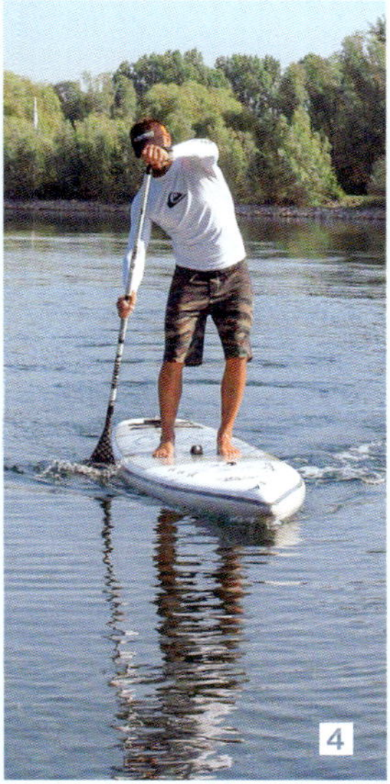

4

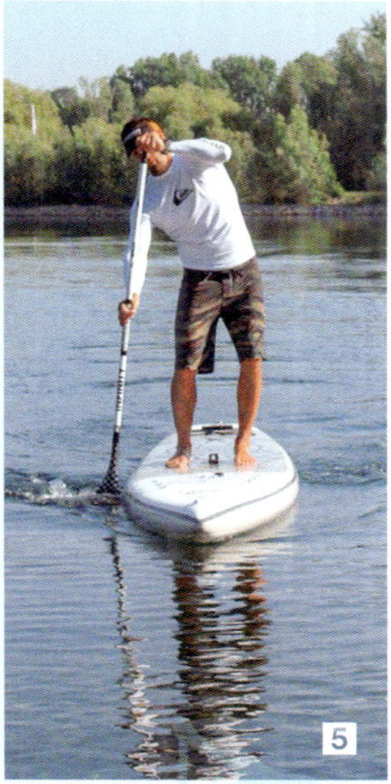

5

SUP'EN RICHTIG LERNEN

ACHTERSCHLAG

ALLGEMEIN: Diese Paddelbewegung dient zum Manövrieren des Boards, um z. B. anzulegen oder bei wenig Raum zu steuern. Das Paddel wird dabei in Form einer Acht durch das Wasser geführt. Durch das Verstellen des Paddelblatt wird

BEWEGUNGSABLAUF I ››

Die obere Hand, am Paddelgriff, befindet sich ca. auf Kopfhöhe und ist nur für die Drehbewegung des Paddelblatt zuständig. Die untere Hand, am Paddelschaft, führt die Querbewegung aus und sorgt gleichzeitig für den seitlichen Vortrieb. Um das Board gleichmäßig und parallel zu bewegen, sollte das Paddelblatt im Bereich hinter den Füßen durch das Wasser geführt werden (Finnenwiderstand).

HINWEIS: Eine gleichmäßige parallele Bewegung des Board ist nur dann möglich, wenn das Paddelblatt im hinteren Bereich des Board durch das Wasser geführt wird. Dies liegt daran, dass die Finne eine gewisse Bremswirkung entwickelt. Die Effektivität des Achterschlages ist ebenfalls abhängig von der Board-Länge und der Finnengröße.

EXPERTEN TIPP

Der gesamte Ablauf sollte flüssig vonstattengehen und eine durchgehende Bewegung sein.

eine seitliche Zugbewegung aufgebaut. Die Hand am Paddelgriff führt die Drehbewegung des Paddelblatt durch, die Hand am Paddelschaft führt das Paddel durch das Wasser und »zieht« das Board in die gewünschte Richtung. Das Paddelblatt verbleibt während der gesamten Bewegung im Wasser, dies führt zu einer besseren Kippstabilität auf dem Board.

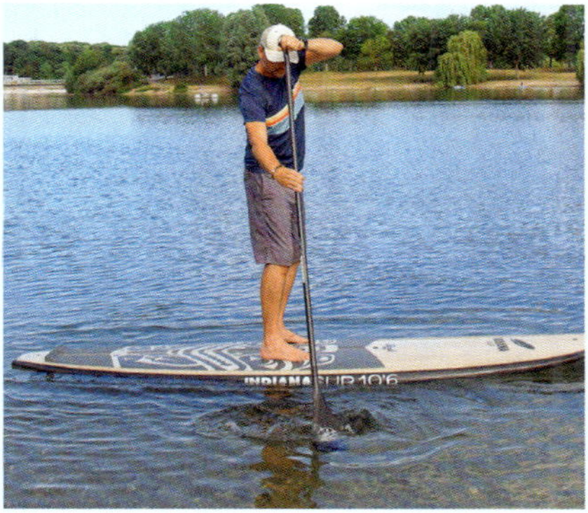

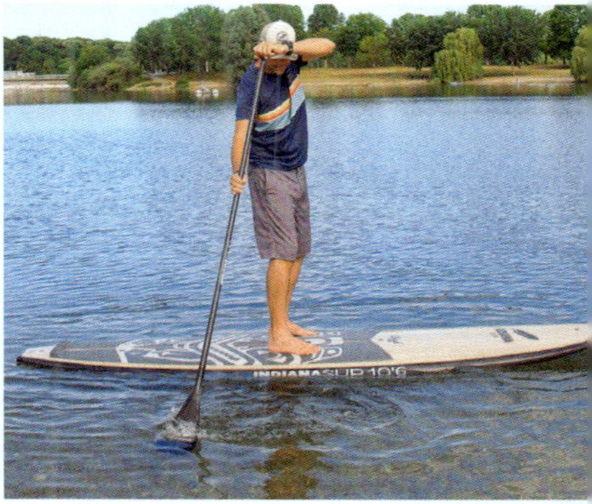

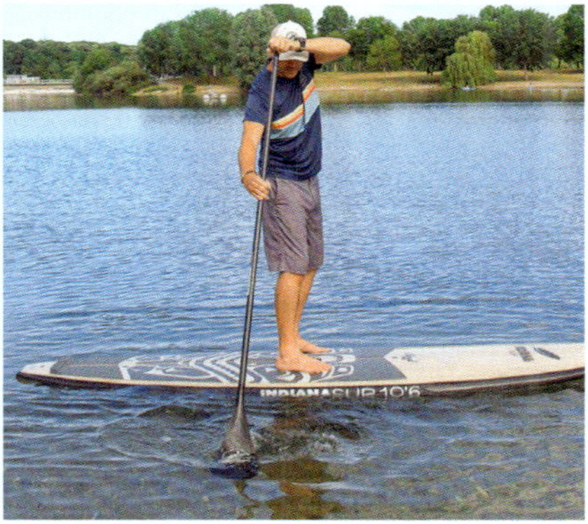

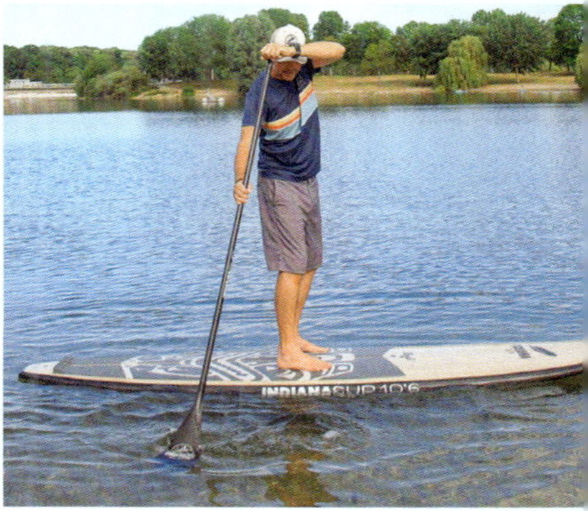

ACHTERSCHLAG

BEWEGUNGSABLAUF II ››

In dieser Bildsequenz lässt sich die seitliche Boardbewegung gut erkennen.

ANMERKUNG: Der rote Punkt dient zur Verdeutlichung der Seitwärtsbewegung.

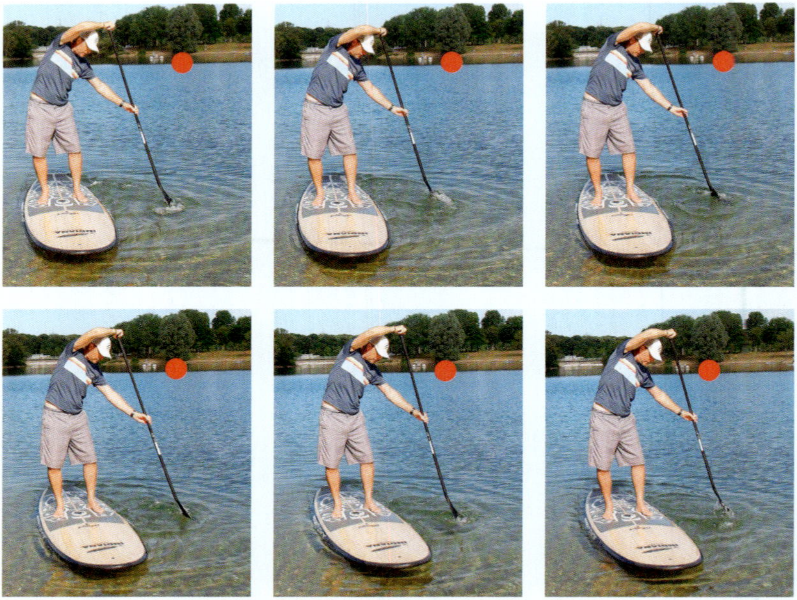

EXPERTEN TIPP

Um den Wasserwiderstand etwas zu verringern, sollte die dem Paddel zugewandte Boardseite leicht „angehoben“ werden. Dies lässt sich mit einer minimalen Gewichtsverlagerung in die entgegengesetzte Richtung erreichen.

BEWEGUNGSABLAUF III ››

Bei dieser Ansicht sind die verschiedenen Anstellwinkel des Paddelblatt und der oberen Hand (am Paddelgriff) gut zu erkennen. Die untere Hand, am Paddelschaft führt das Paddel seitlich durch das Wasser. Die gesamte Bewegung wird ohne Kraftaufwand durchgeführt.

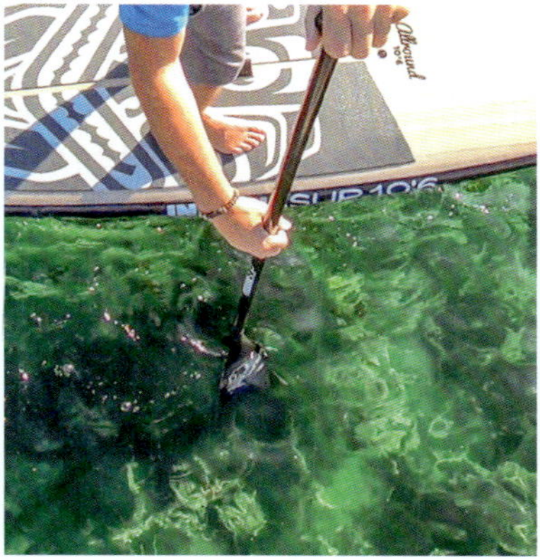

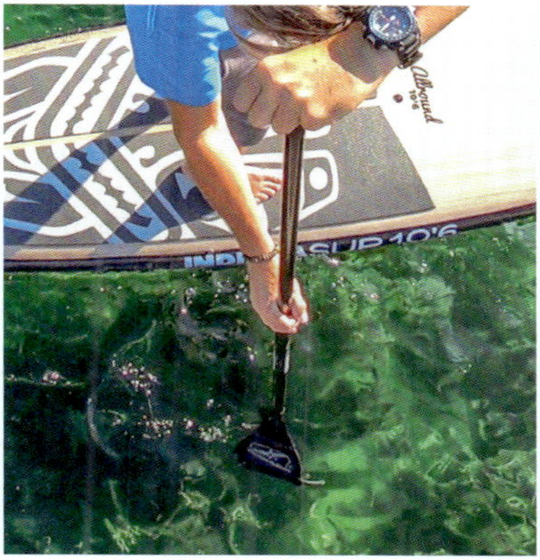

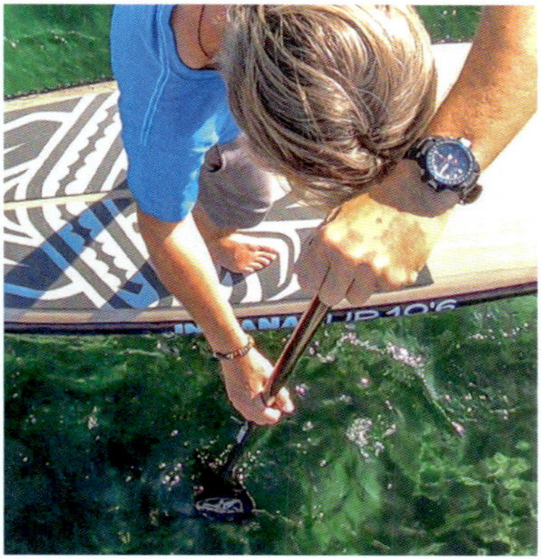

HINWEIS: Bei dieser Paddelführung geht es nur um das manövrieren des Boards und nicht um Schnelligkeit.

SEITLICHER ZIEHSCHLAG

ALLGEMEIN: Der seitliche Ziehschlag ist, ähnlich wie der Achterschlag, ein reiner Paddelzug zum manövrieren des Boards.

BEWEGUNGSABLAUF I ››

Das Paddelblatt ca. eine Armlänge querab vom Baord in das Wasser tauchen 1 und das Paddel zum Board hinziehen. Dabei sollte der Stand auf dem Brett stabil sein 2 & 3. Das Paddelblatt senkrecht aus dem Wasser ziehen und gleichzeitig das Board stabilisieren 4.

HINWEIS: Der Ziehschlag erfordert eine höhere Konzentration bei der Durchführung, als der Achterschlag (Seite 84). Weil die Zugkräfte nicht gleichmäßig auftreten, liegt das Board instabiler auf dem Wasser.

EXPERTEN TIPP

Um den Wasserwiderstand etwas zu verringern, sollte die dem Paddel zugewandte Boardseite leicht „angehoben" werden. Dies lässt sich mit einer minimalen Gewichtsverlagerung in die entgegengesetzte Richtung erreichen.

Das Paddelblatt wird querab vom Board in das Wasser getaucht und zur Rail hingezogen. Dabei ist darauf zu achten, dass der Stand auf dem Board stabil ist und das Paddel möglichst gleichmäßig durch das Wasser gezogen wird.

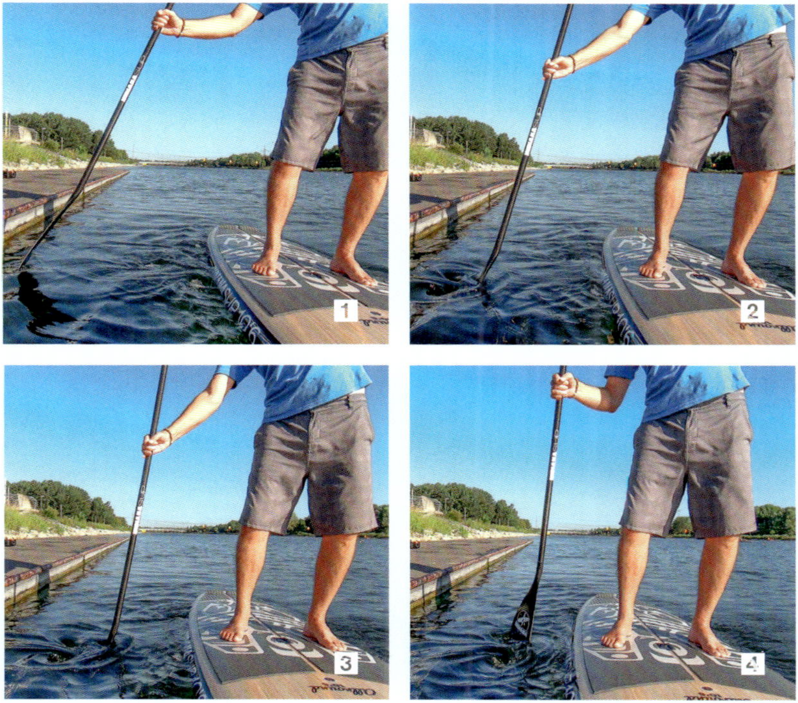

BEWEGUNGSABLAUF II ››

Um das Board gleichmäßig und parallel zu bewegen, sollte der Ziehschlag m Bereich hinter der Standfläche stattfinden, um dem Wasserwiderstand der Finne entgegen zu wirken.

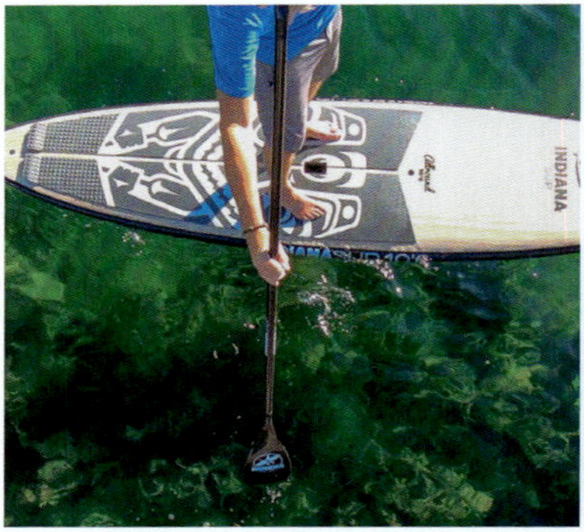

Eintauchen.

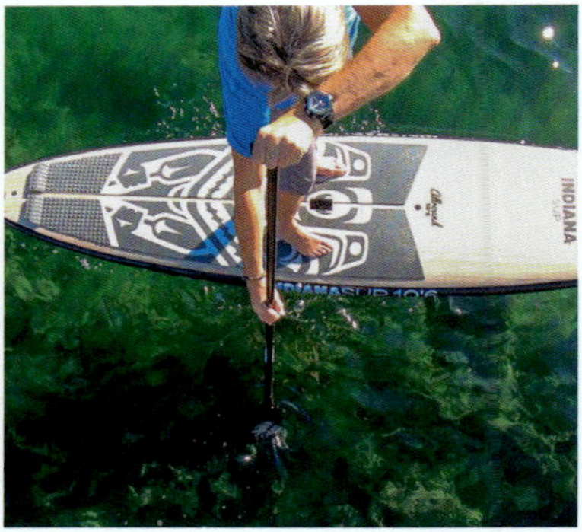

Zugphase.

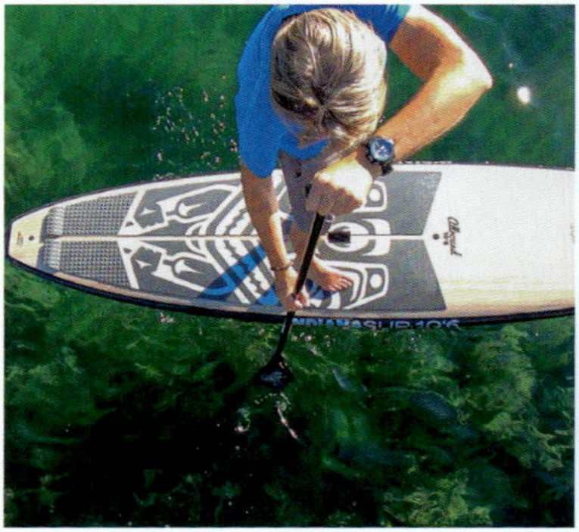

Ende der Zugphase.

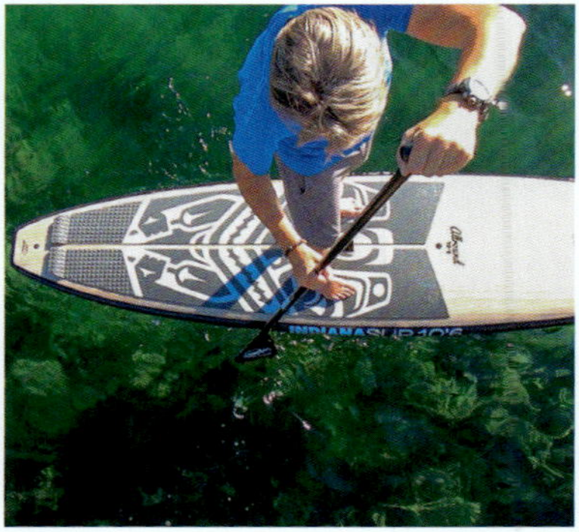

Paddel aus dem Wasser ziehen.

CROSS BOW

ALLGEMEIN

Der Cross Bow Turn oder auch gekreuzter Bogenschlag, was allerdings ein bisschen merkwürdig klingt, ist ein Paddelschlag der Hauptsächlich auf engem Raum genutzt wird. Er dient z.B. dazu, das Board ohne viel Vorwärtsbewegung zu wenden. Während des Zuges soll das Paddelblatt komplett eingetaucht bleiben und das Körpergewicht wird gleichzeitig auf beide Beine verteilt, um einen festen Stand zu erreichen.

Der Vorteil dieses Schlages gegenüber des „normalen" Bogenschlages (Seite 44) ist, dass das Board einen größeren Drehimpuls bekommt und gleichzeitig kaum Fahrt aufnimmt, was beim Manövrieren mit wenig Platz von Nutzen ist.

HINWEIS: Ein kurzes und breites Board, mit viel Rocker lässt sich einfacher und schneller mit einem Cross Bow drehen. Ein langes Board mit einer geraden Wasserlinie lässt sich dementsprechend langsamer und vergleichsweise schwieriger drehen.

BEWEGUNGSABLAUF, in Fahrtrichtung nach links

Das Paddel in den Händen halten, als wenn auf der rechten Boardseite gepaddelt wird (linke Hand am Paddelgriff, rechte Hand am Schaft). Den Oberkörper nach links drehen, das Paddelblatt möglichst weit auf der linken Seite komplett in das Wasser tauchen. Dabei zeigt die Rückseite des Paddelblatt in Richtung des Board **1**. Das Paddelblatt in Richtung Board ziehen **2**, an der Rail aus dem Wasser heben und über den Bug führen **3**. Das Paddel dicht an der rechten Boardseite wieder komplett in das Wasser stechen **4** und den Paddelzug mit einem großem Bogenschlag weiterführen **5** – **10**. Das Paddelblatt komplett getaucht bis zur hintern Rail durch das Wasser ziehen **11**, den Zug beenden und das Paddel nach vorne führen **12**.

EXPERTEN TIPP

Sollte die gewünschte Drehung noch nicht erreicht sein, kann direkt ein weiterer Cros Bow Turn durchgeführt werden.

CROSS-BOW BEWEGUNGSABLAUF I

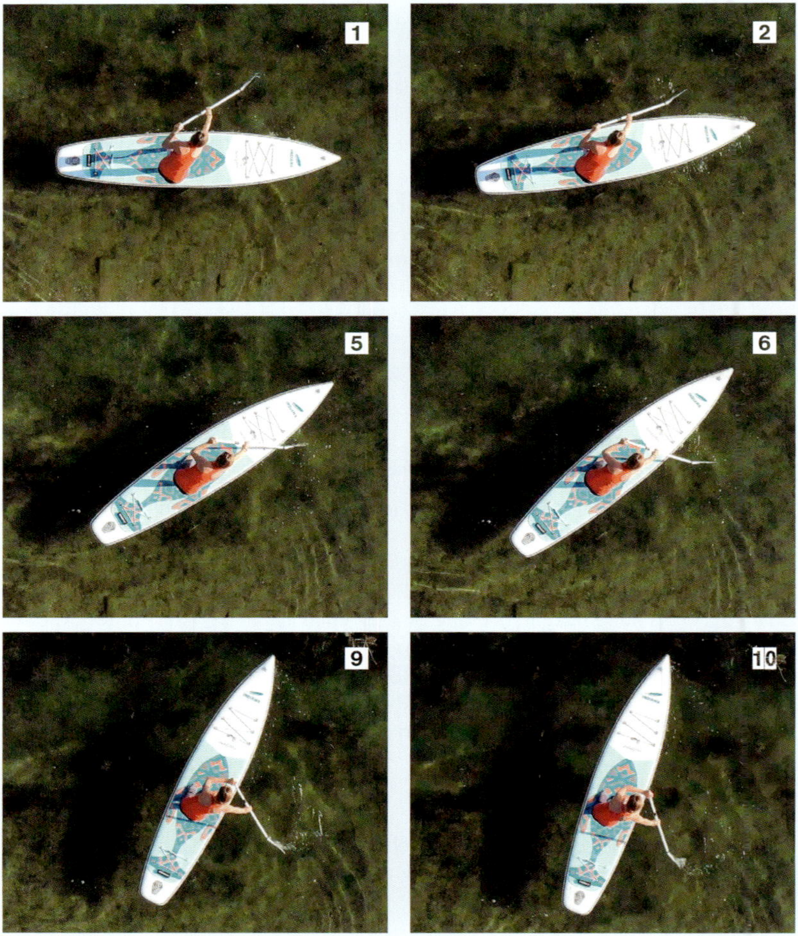

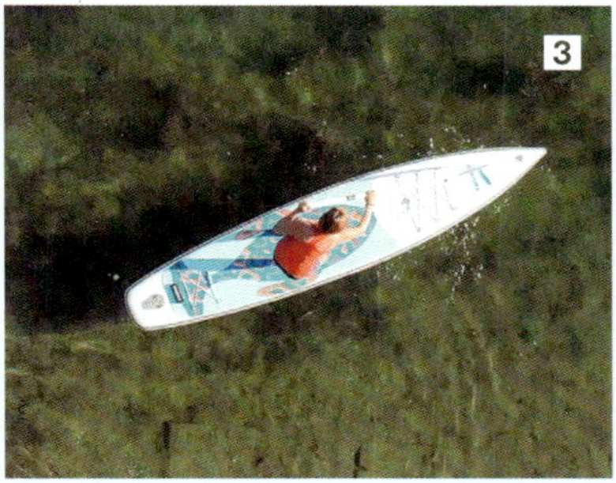
3
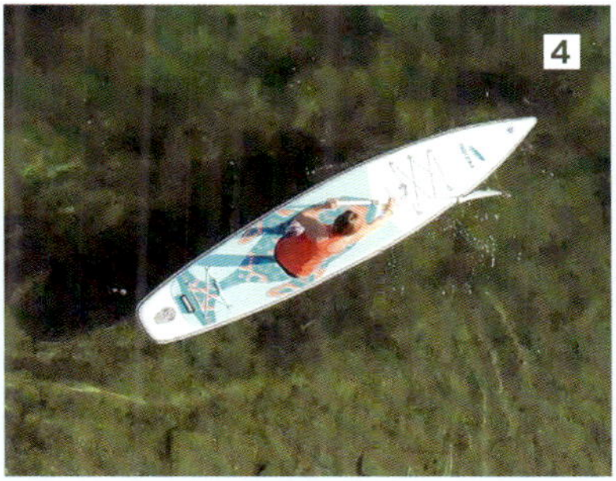
4
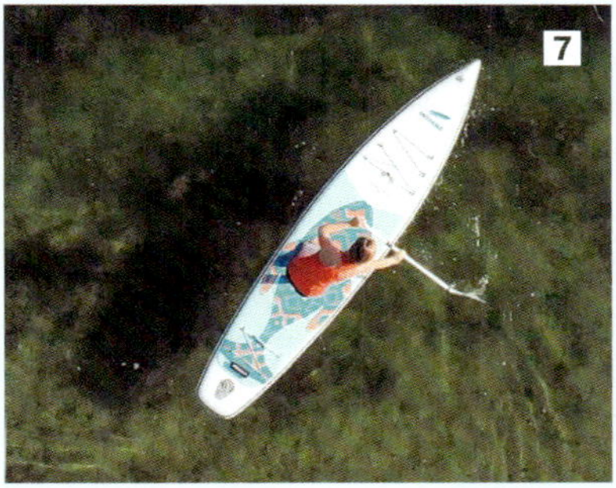
7
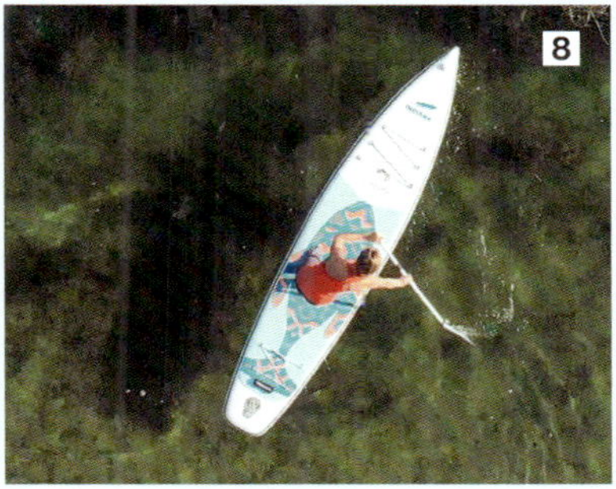
8
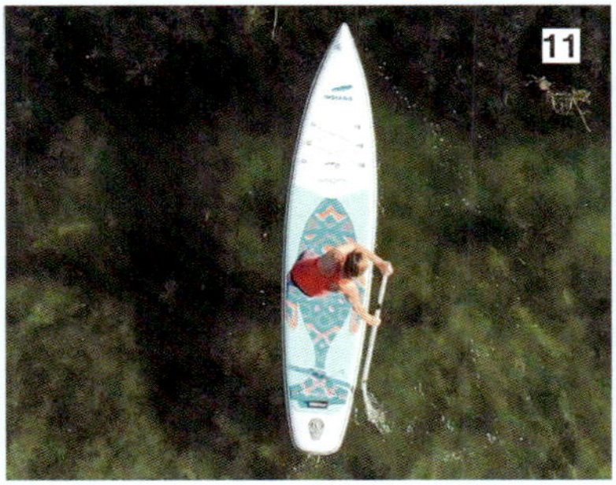
11
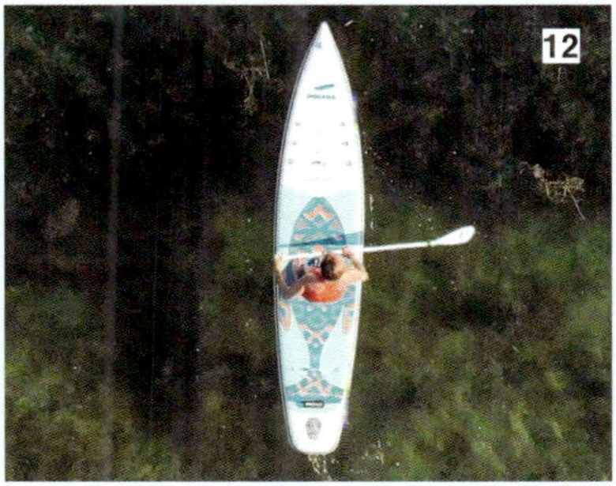
12

CROSS-BOW BEWEGUNGSABLAUF II

BEWEGUNGSABLAUF »

Das Paddelblatt möglichst weit entfernt von der Rail auf die linke Seite führen 1, komplett in das Wasser tauchen 2 und in Richtung Rail ziehen 3.

Dabei zeigt die Paddelblattrückseite in Richtung des Boards. Das Paddel aus dem Wasser heben 4 über das Board führen 5 und dicht an der Rail auf der rechten Boardseite das Paddelblatt wieder komplett in das Wasser stechen 6.

Den Paddelzug mit einem langen Bogenschlag vom Bug bis zum Heck abschließen 7 – 9.

HINWEIS: Je weiter entfernt das Paddel auf der linken Boardseite in das Wasser eingetaucht wird und je größer der anschließende Bogenschlag auf der rechten Boardseite ist, desto größer ist die Drehbewegung des Board.

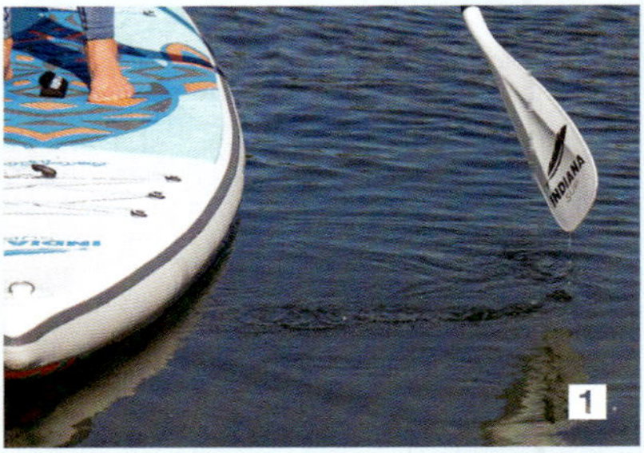

1

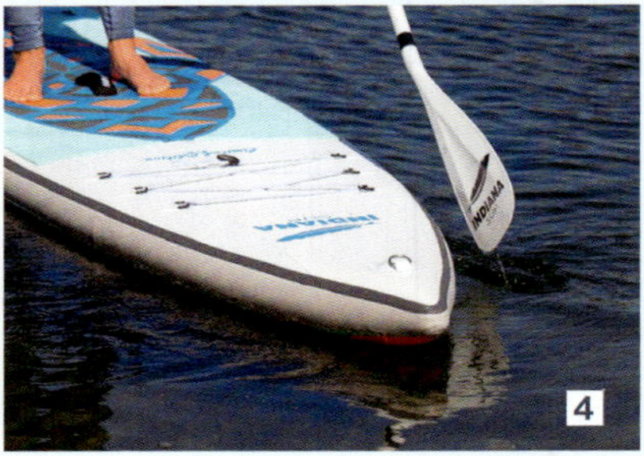

4

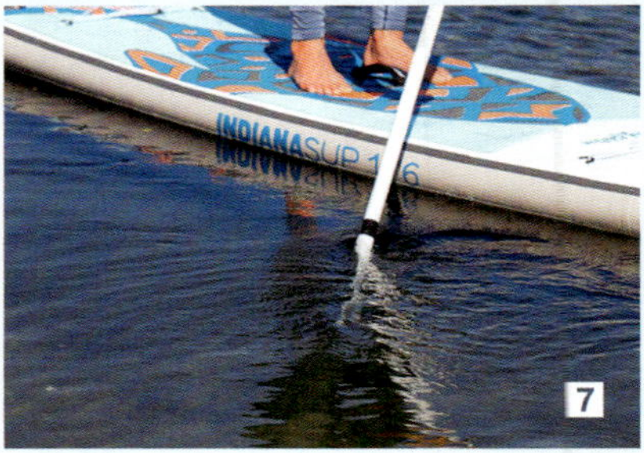

7

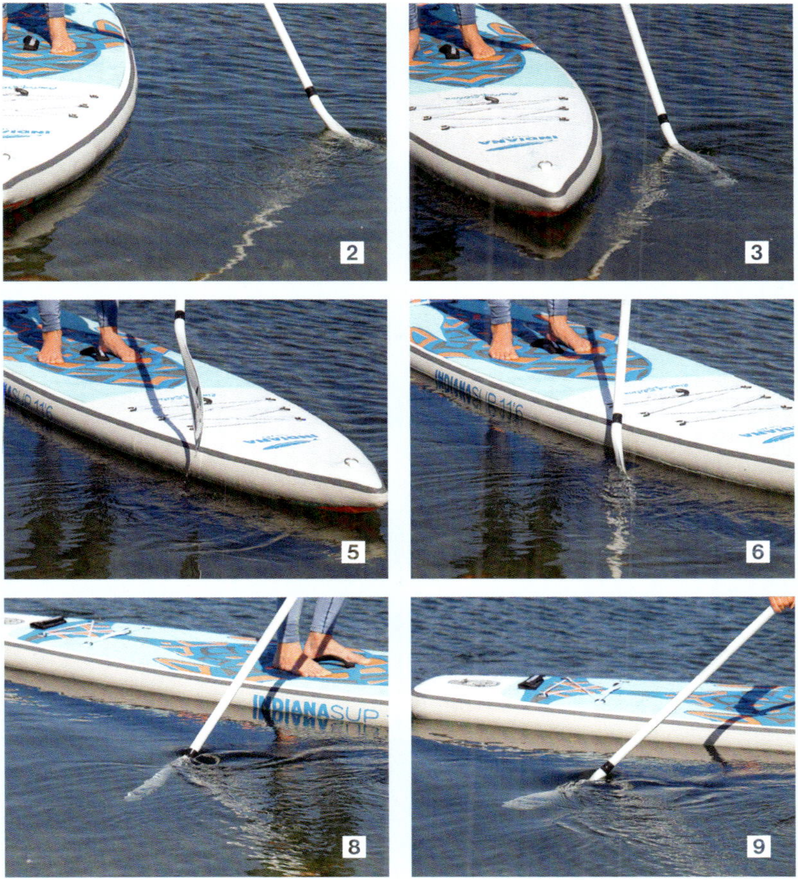
2
3
5
INDIANASUP 11'6
6
8
9

CROSS-V-SCHLAG

ALLGEMEIN: Der Cross-V-Schlag funktioniert ähnlich wie der V-Schlag (Seite 48), nur aus der Vorwärtsbewegung des Boards heraus und ist im Grunde genommen kein »Schlag«, sondern eine Paddelhaltung. Das Paddelblatt wird in einem offenen Winkel von 30 bis 40 Grad im vorderen Bereich des Boards in das

BEWEGUNGSABLAUF I ››
in Fahrtrichtung nach rechts

Aus der Vorwärtsbewegung und der Standardpaddelhaltung **1** wird der Oberkörper samt Paddel nach rechts gedreht und ca. eine Armlänge entfernt von der Rail in das Wasser getaucht **2**.

Dabei zeigt die komplett eingetauchte Paddelblatttrückseite in Richtung Bug. Der untere Arm ist gestreckt und der Stand auf dem Board ist fest **3**.

Das Board dreht sich nach rechts und die Geschwindigkeit verlangsamt sich **4**. Nach Erreichen der gewünschten Richtung das Paddel aus dem Wasser nehmen **5** und auf der linken Boardseite weiter SUPen **6**.

HINWEIS: Je größer der Winkel des Paddelblatts und je weiter es im vorderen Bereich des Boards eingetaucht ist, desto enger ist der Kurvenverlauf.

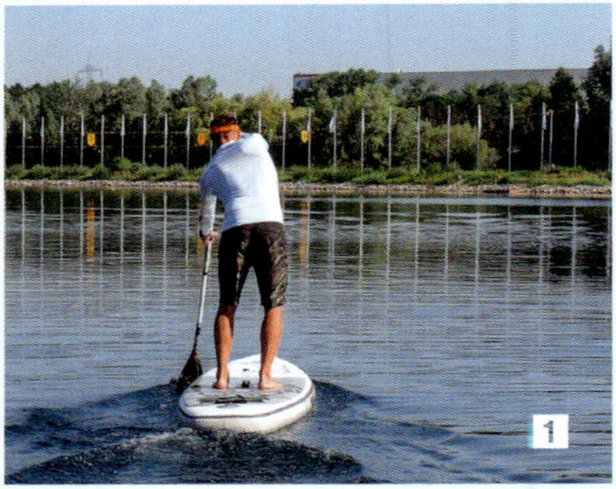

1

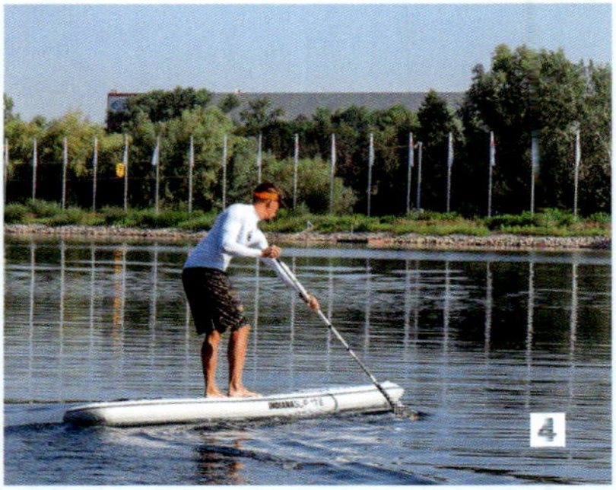

4

Wasser eingetaucht und zwar, im Gegensatz zum V-Schlag, auf der anderen Seite des Boards. Das Paddelblatt bildet zusammen mit der Board-Kante ein »V«. Das Paddel wird nicht durch das Wasser gezogen, sondern verbleibt im vorderen Bereich des Boards. Das Board dreht sich bei entsprechender Board-Bewegung in die Richtung des Paddels.

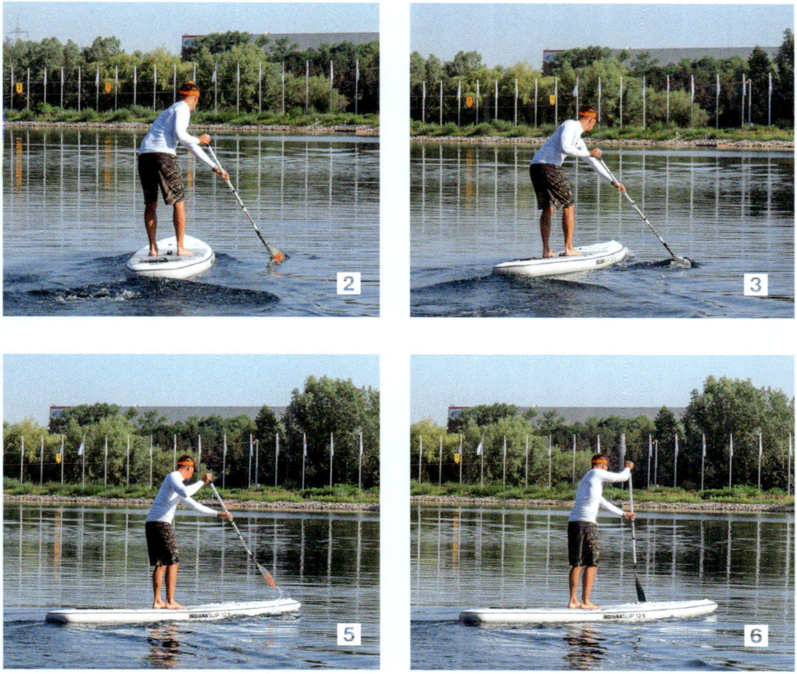

BEWEGUNGSABLAUF II >> in Fahrtrichtung nach links

Die Bildfolge zeigt die Boardbewegung bei eingetauchtem Paddelblatt auf der linken Seite und die Drehung des Board nach links. Mit dieser Paddelhaltung lässt sich das Board ohne viel Aufwand sehr exakt steuern und positionieren.

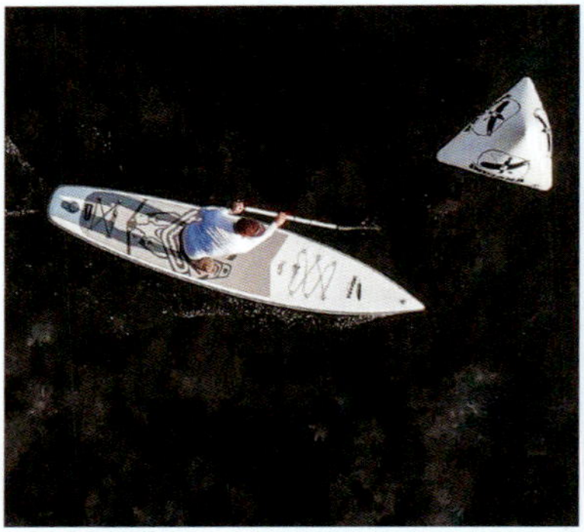

Das Paddelblatt komplett eintauchen,

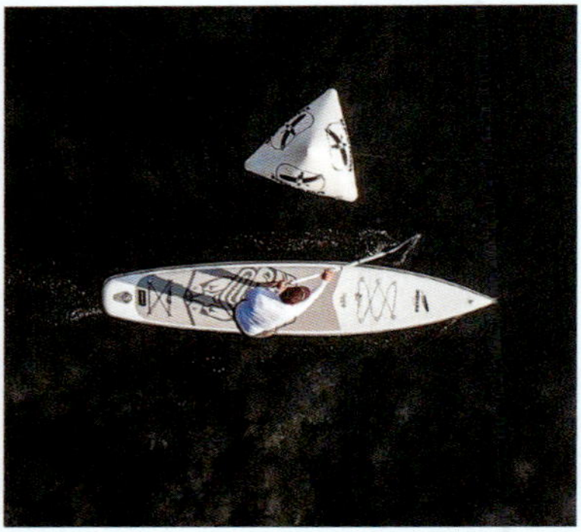

das Board dreht nach links und...

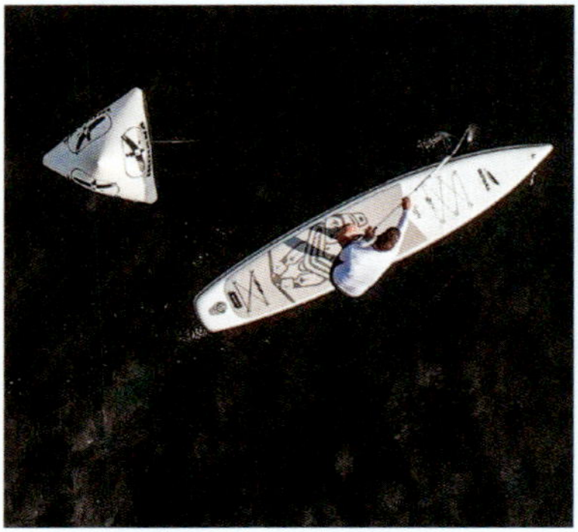

...wird dabei langsamer.

HINWEIS: Je schneller das Board vor dem Cross-V-Schlag ist, desto effektiver kann die Boarddrehung werden. Runde und kurze Boards reagieren schneller auf den Cross-V-Schlag als lange und schmale Bretter.

EXPERTEN TIPP

Um die Drehbewegung zu verstärken, kann das Paddelblatt auf der rechten Seite gleichzeitig zur Rail hingezogen werden. >>

BEWEGUNGSABLAUF II ›› in Fahrtrichtung nach rechts

Die Bildfolge zeigt eine 90° Drehung nach rechts. Aus der Vorwärtsbewegung **1**, den Oberkörper mit samt Paddel nach rechts drehen **2** und das Paddel auf der rechten Boardseite in das Wasser tauchen **3**. Nach der Drehung **4** & **5** auf der linken Boardseite weiter SUPen **6**.

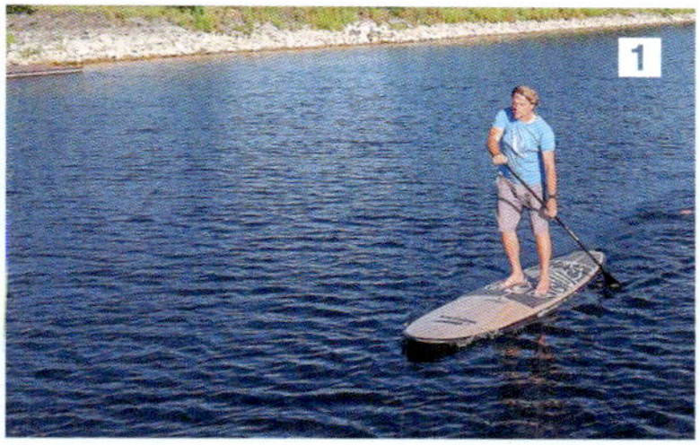

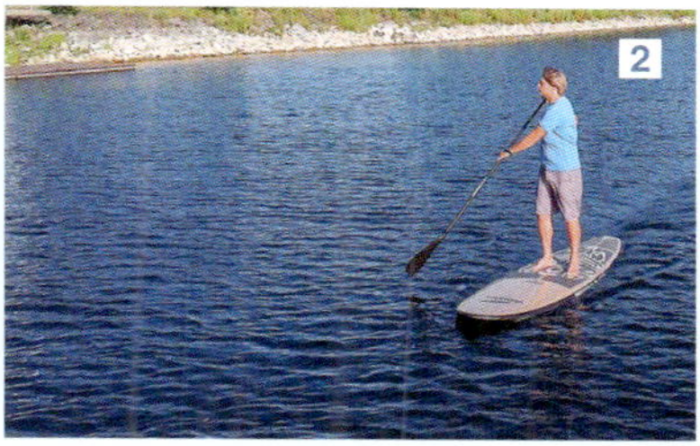

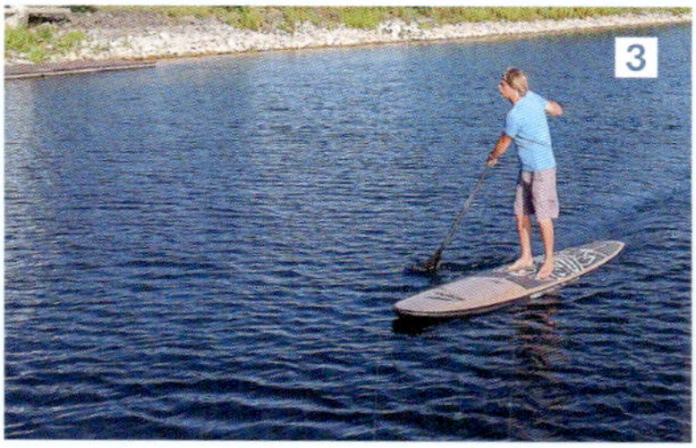

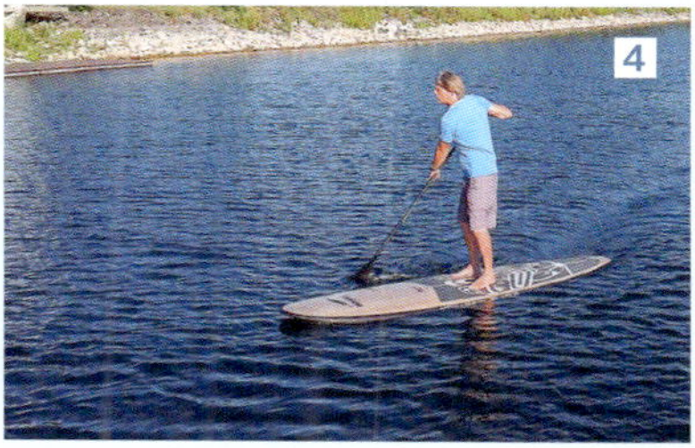

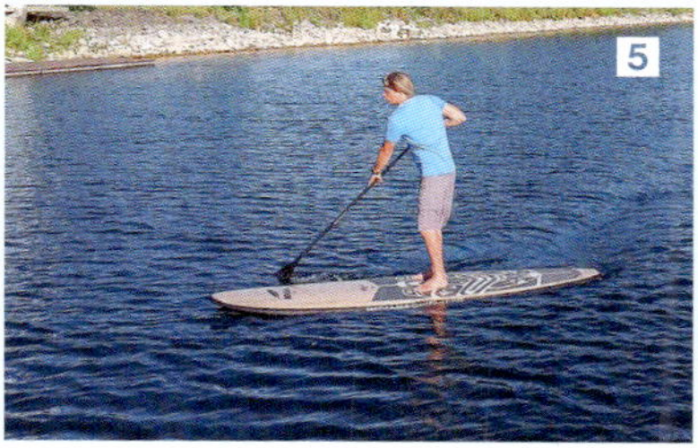

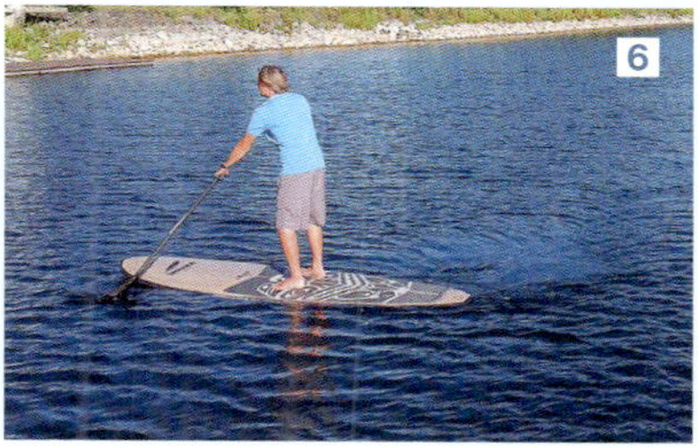

PADDELSTÜTZE

ALLGEMEIN: Die Paddelstütze ist kein Schlag oder Zug, sondern ein Hilfsmittel um bei einem anspruchsvollen Manöver das Gleichgewicht auf dem Board zu halten. Ebenfalls dient die „Stütze“ dazu bei widrigen Bedingungen (z.B. Quer-

Einsatzzweck der Paddelstütze, z. B. um die Gewichtsverlagerung auf dem Board abzusichern, während der Stand auf dem Board nach hinten verlagert wird, um den Bug aus dem Wasser zu heben.

HINWEIS: Es spielt keine große Rolle, ob die Vorder- oder Rückseite des Paddelblatt auf dem Wasser liegt. Dies kann je nach Situation und Gefühlslage variieren.

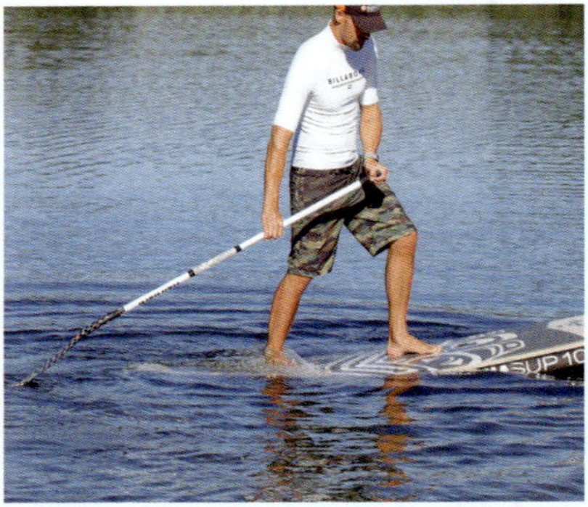

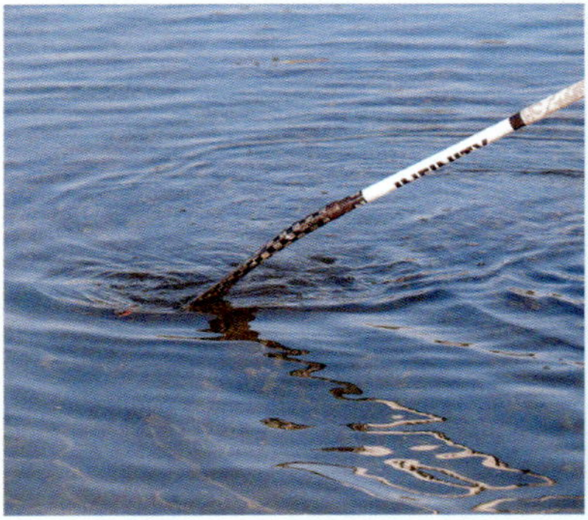

Blattvorderseite liegt auf dem Wasser.

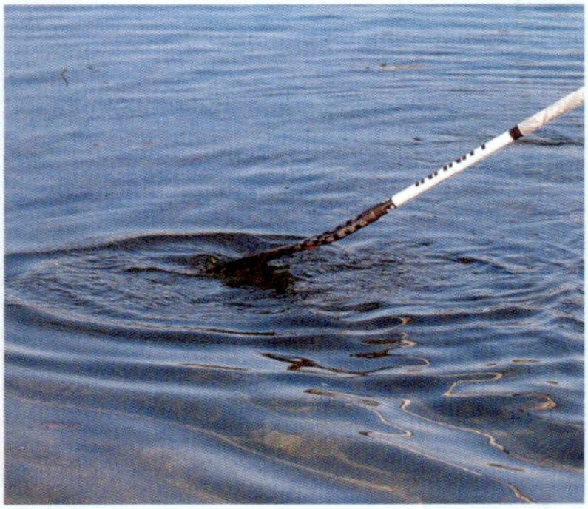

Blattrückseite liegt auf dem Wasser.

wellen), einem schmalen Board oder dem „Laufen" über das Board zu erleichtern. Dabei liegt das Paddelblatt flach auf dem Wasser, die Hand am Schaft stützt sich ab und die Hand am Paddegriff steuert das Paddelblatt. Der Stand ist je nach Übung, Manöver und Bedingungen variabel.

BEWEGUNGSABLAUF ››

Die Bildfolge zeigt, dass das Paddel nicht ruhig auf dem Wasser liegen muss, sondern sich entsprechend der Gewichtsverlagerung auf dem Wasser bewegen soll. Dazu das Paddel quer über die Wasseroberfläche führen, so dass immer Kontakt zum Wasser vorhanden ist.

EXPERTEN TIPP

Um die Wirkung und ein Gespür für den Wasserwiderstand zu bekommen, ist es ratsam sich langsam an die Wirkungsweise heranzutasten. Dazu in kleinen Schritten den Druck auf das Paddelblatt austesten und langsam erhöhen. Je größer der schnelle Druckaufbau auf das Paddelblatt geschieht, desto höher ist der Wasserwiderstand. Ein langsamer Druckaufbau hat nur eine geringe Wirkung auf das Paddelblatt und dementsprechend eine geringere Stützwirkung.

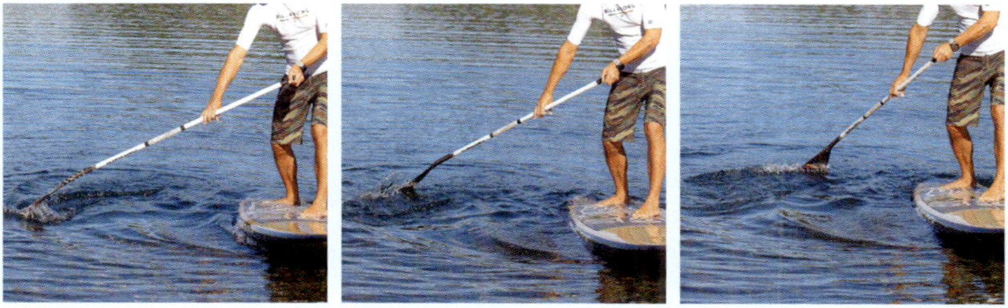

Durch das Bewegen des Paddelblatt über die Wasseroberfläche, entsteht ein kontinuierlicher Druckpunkt.

PIVOT TURN

ALLGEMEIN: Der Pivot Turn ist, wie der Name schon andeutet, eine Drehung über die Mittelachse. Der Hintergrund dieses Manövers ist ein möglichst schneller Richtungswechsel des Boards. Weil der Bug beim Pivot Turn aus dem Wasser gehoben wird, verringert sich der Wasserwiderstand bei der Drehbewegung. Das Anheben des Board geschieht durch Gewichtsverlagerung auf den hinteren Teil des Board.

BEWEGUNGSABLAUF I, 1-6 ››

180° Drehung über links, mit 12´6 Board

Aus der Vorwärtsbewegung, das Paddel als Stütze verwenden (diagonal nach hinten) **1** und den linken Fuß mittig nach hinten setzen **2**. Weiter mit dem Paddel absichern, den rechten Fuß hinter den linken setzen und in den Surf Stand (die Füße seitlich versetzt, hintereinander) gehen **3**. Die Boardspitze hebt sich aus dem Wasser, das Paddelblatt auf der rechten Seite weit nach vorne führen und komplett eintauchen **4**. Das Paddel in einem großen Bogen in Richtung Heck ziehen **5**, das Paddelblatt aus dem Wasser heben und eventuell mittels der Paddelstütze das Board stabilisieren **6**. Das Paddel nach vorne führen **7** und einen weiteren Bogenschlag durchführen **8**. Mittels der Paddelstütze das Board abfangen und den hinteren (rechten) Fuß einen Schritt nach vorne setzen **9** & **10**. Den linken Fuß folgen lassen und neben der Griffschlaufe- mulde platzieren, direkt den rechten Fuß nachsetzen und ebenfalls mittig auf das Board setzen **11**. Auf der rechten Boardseite beginnen zu paddeln, um das Board zu beschleunigen und zu stabilisieren **12**.

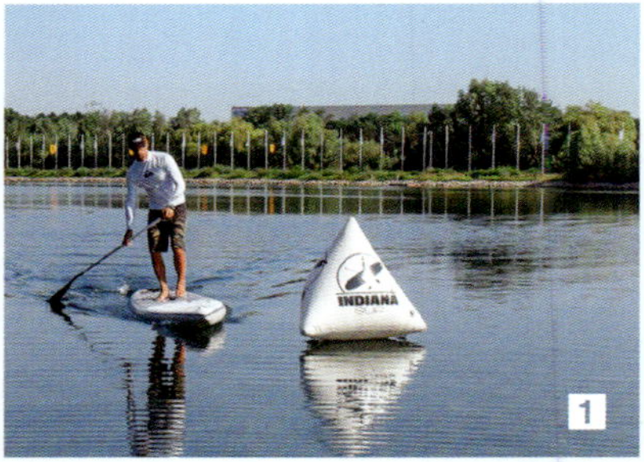

1

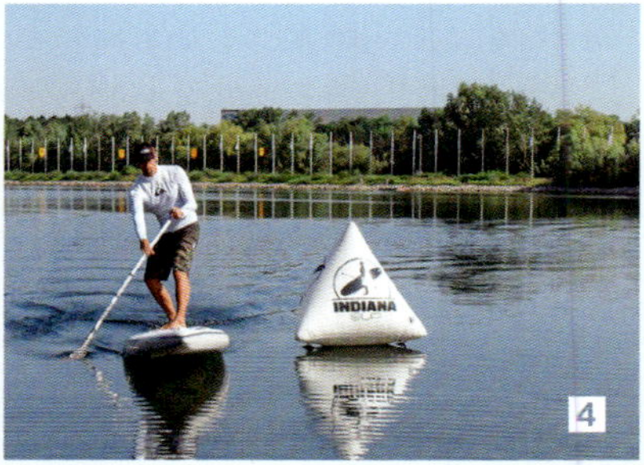

4

EXPERTEN TIPP

Das „Laufen" über das Board sollte zügig und mittig vonstattengehen.

Hauptsächlich findet der Pivot Turn Anwendung im Race-Bereich und weniger bei der Standard-SUP-Tour. Gerade lange Flachwasser-Race-Boards, die für einen guten Geradeauslauf konzipiert sind, lassen sich mithilfe des Pivot Turns schnell wenden. Bei jedem Board ist es allerdings so, dass sich mit dem Verringern der Auflagefläche auf dem Wasser, die Instabilität erhöht. Das bedeutet, je weiter der Bug aus dem Wasser kommt und je weiter man hinten auf dem Board steht, desto kippliger wird es.

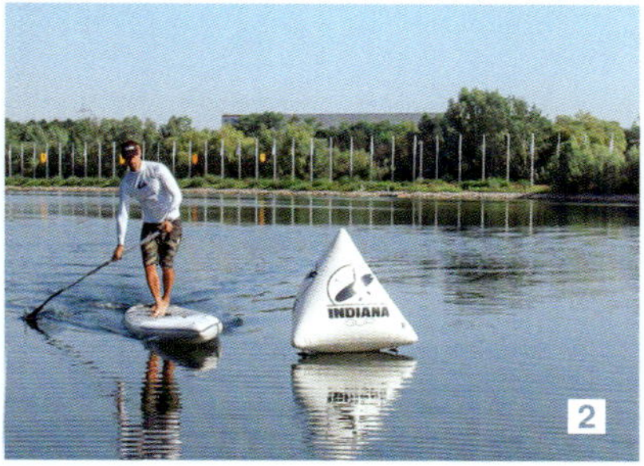

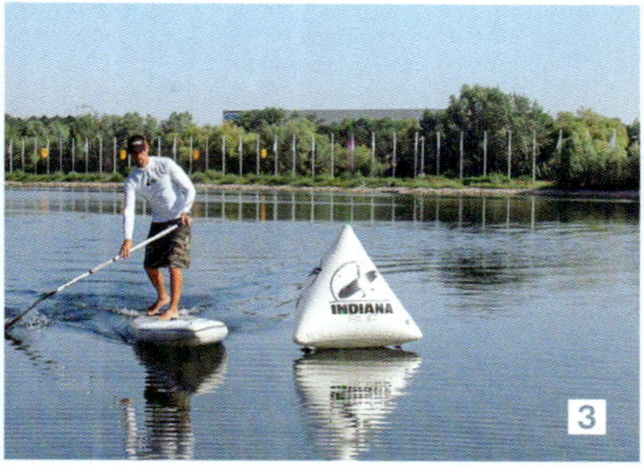

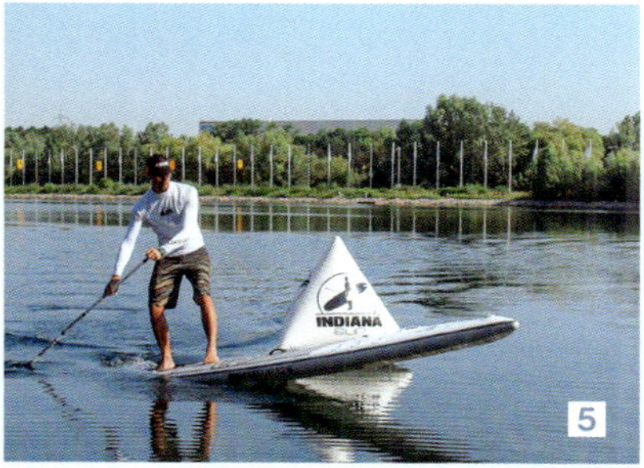

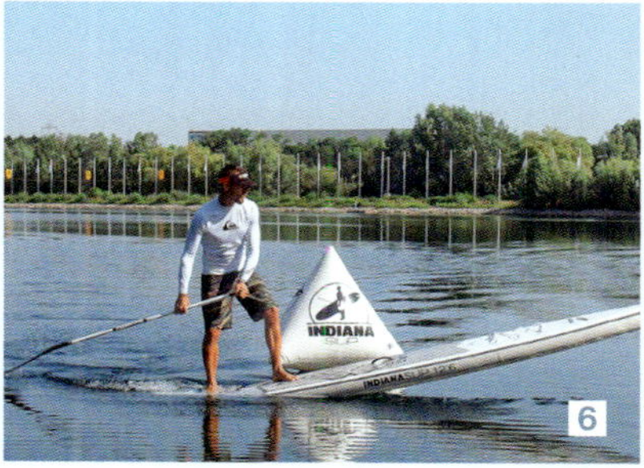

EXPERTEN TIPP

Mit Hilfe der Paddelstütze und einem langsamen Herantasten an die Gewichtsverlagerung erst mal herausfinden, ab welchem Standpunkt auf dem Board sich der Bug beginnt zu heben.

PIVOT TURN BEWEGUNGSABLAUF I, 7–12 ››

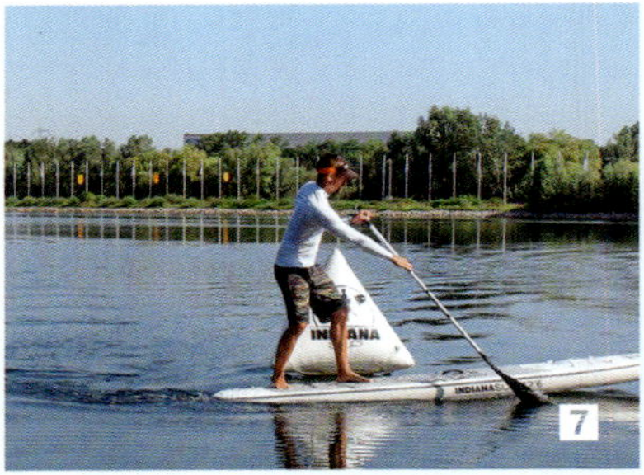

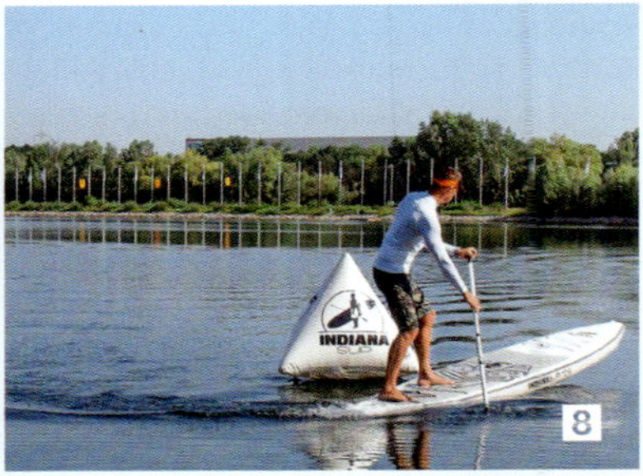

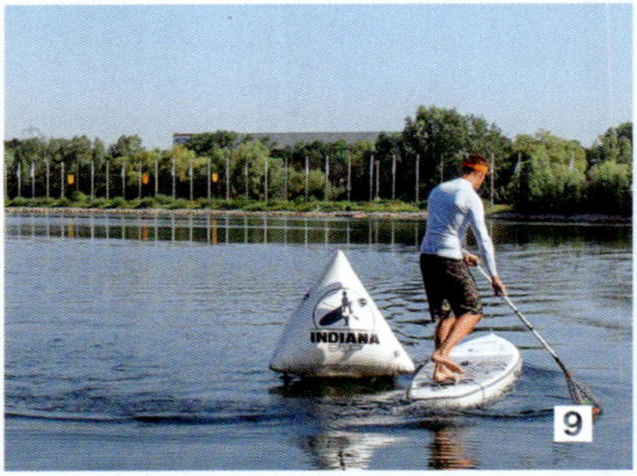

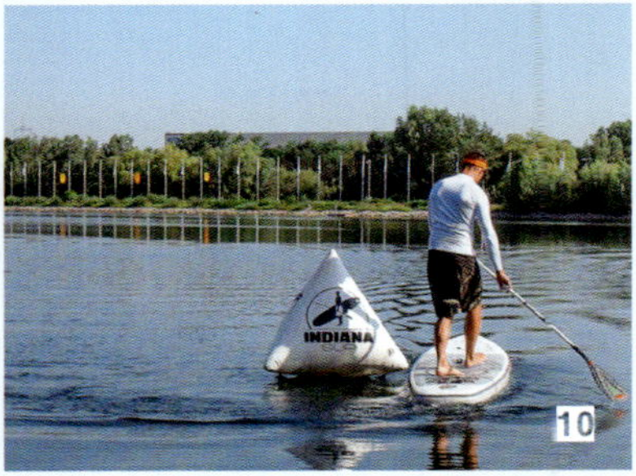

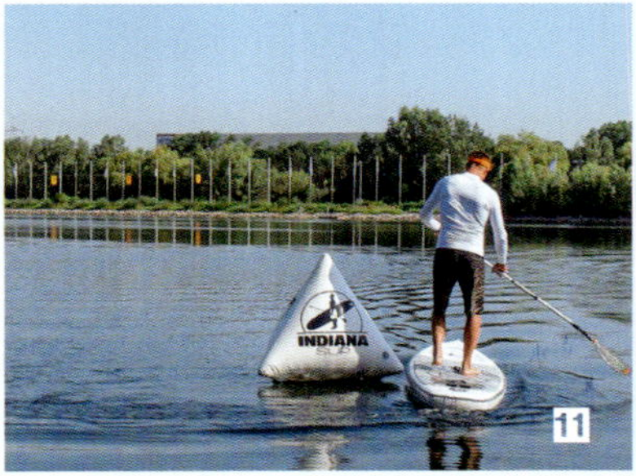

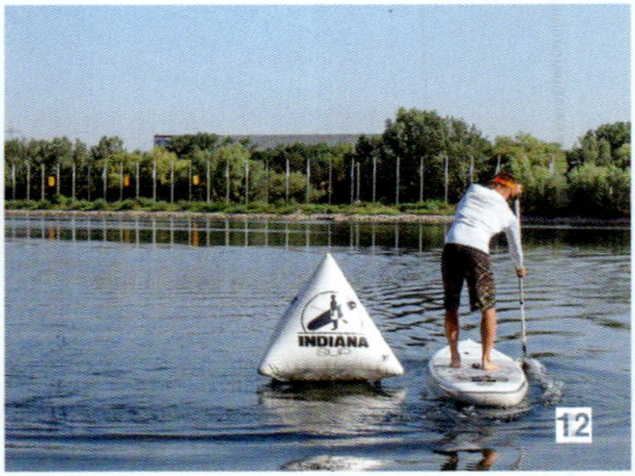

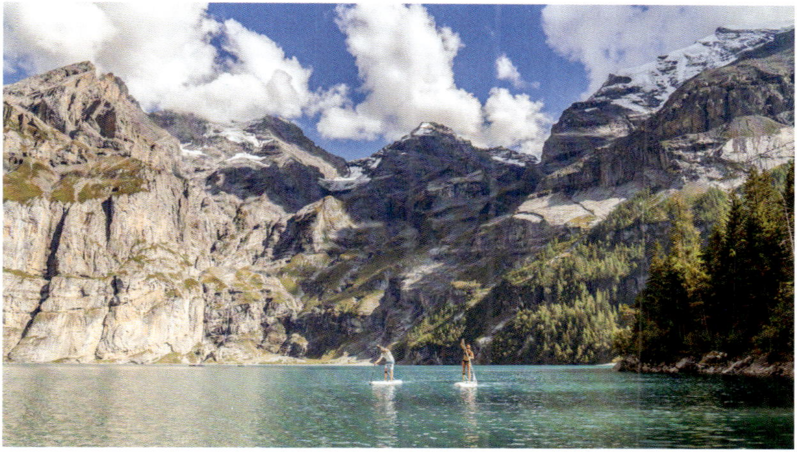

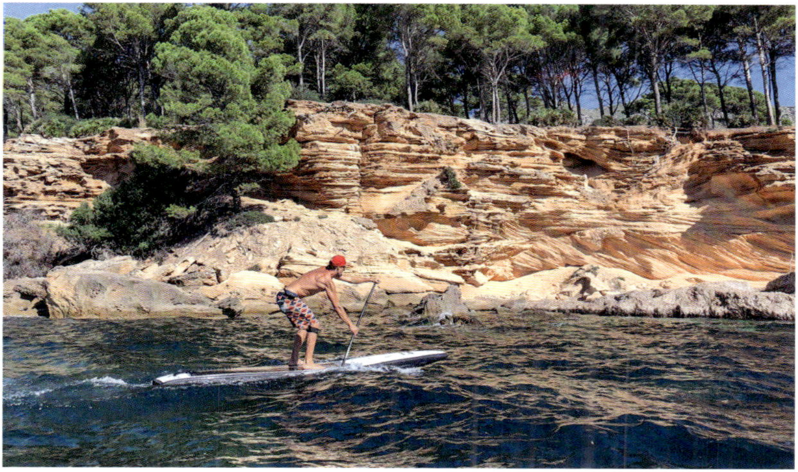

Mit der richtigen Paddeltechnik, traumhafte Aussichten genießen.

PIVOT TURN

BEWEGUNGSABLAUF II, 1-6 »

180° Drehung über links, mit 14" Board

Aus der schnellen Vorwärtsbewegung 1, den linken Fuß mittig nach hinten auf das Board setzen und gleichzeitig die Bewegung mit dem Paddel abstützen 2.

Mit dem rechten Fuß einen weiteren großen Schritt auf dem Brett nach hinten gehen 3, in den Surf Stand gehen und das Paddelblatt nach vorne Richtung Bug führen 4.

Einen ersten großen Bogenschlag ausführen 5, das Paddel abermals vorne einstechen 6 und in einem weiten Bogen Richtung Heck ziehen 7.

Das Paddel kann, für eine schnellere Drehbewegung, weiter um das Heck des Boards gezogen werden 8.

Das Paddel aus dem Wasser ziehen, mit dem Paddelblatt abstützen und den hinteren Fuß nach vorne setzen 9. Das Board weiter stabilisieren 10, den linken Fuß nach vorne stellen und die Grundstellung auf dem Board einnehmen 11.

Vorwärtsschlag für die Beschleunigung und Stabilisierung ausführen 12.

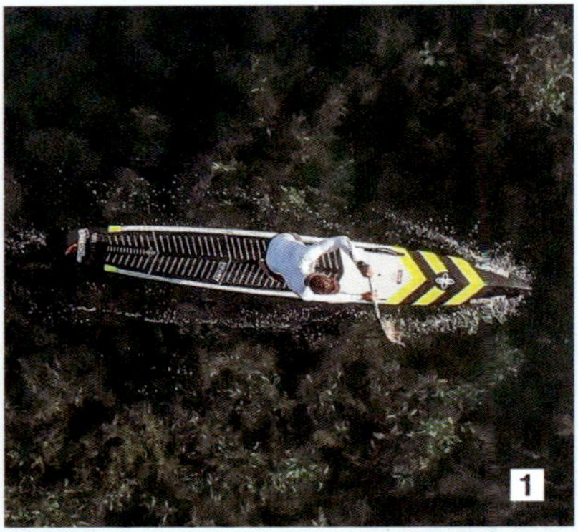

1

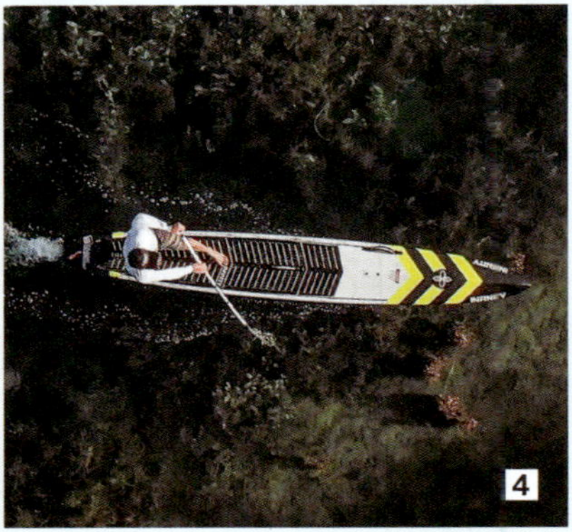

4

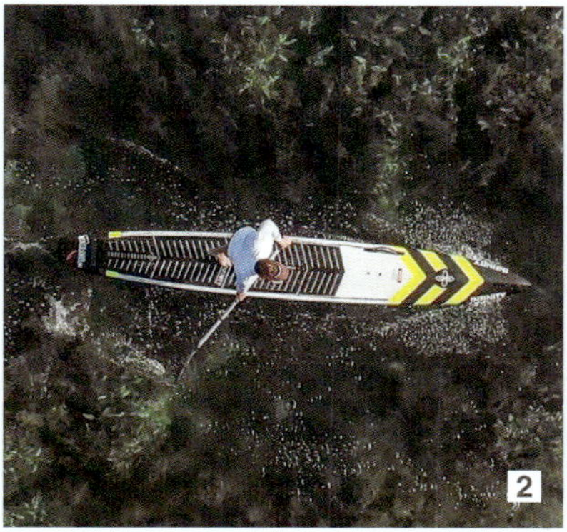

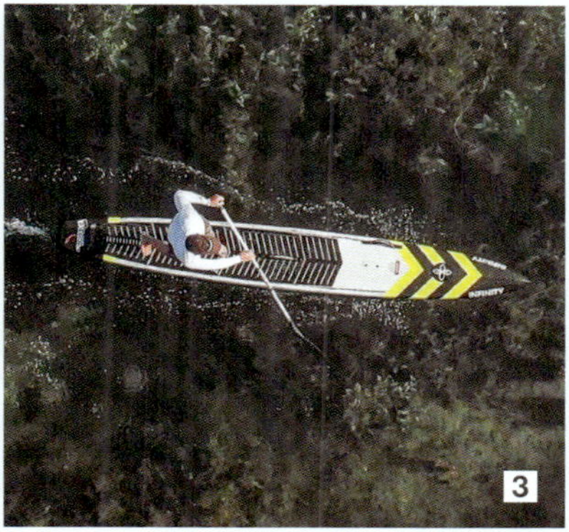

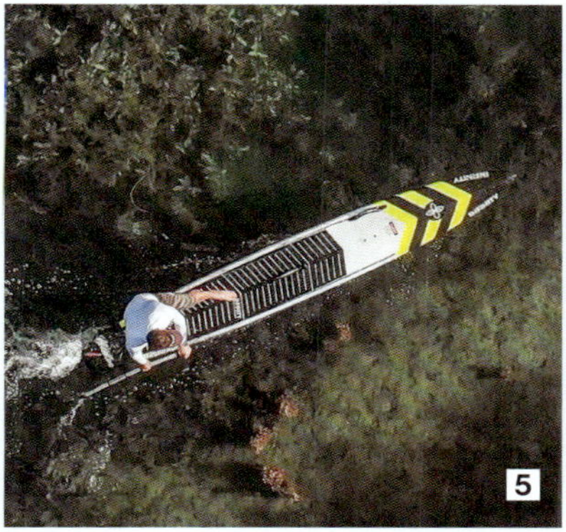

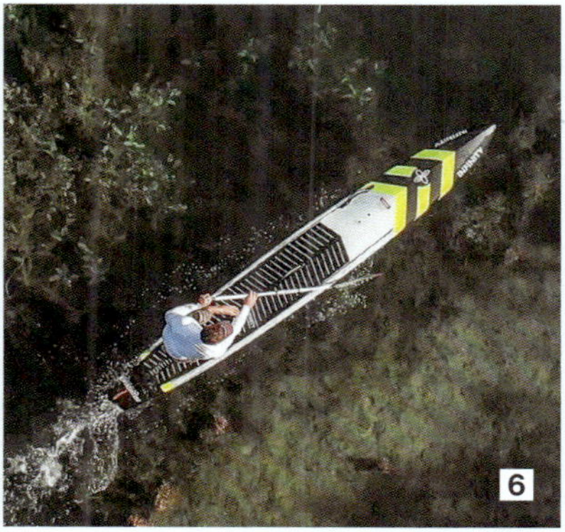

HINWEIS: Bei längeren Boards, z. B. 14" ist der „Weg" über das Board länger. Es müssen entweder größere Schritte oder ein weiterer Zwischenschritt gemacht werden. Ebenso sind Boards mit einem schmalen Heckbereich schwerer zu beherrschen, weil durch die geringere Kontaktfläche zum Wasser das Board noch kippliger wird.

PIVOT TURN BEWEGUNGSABLAUF II, 7–12 ››

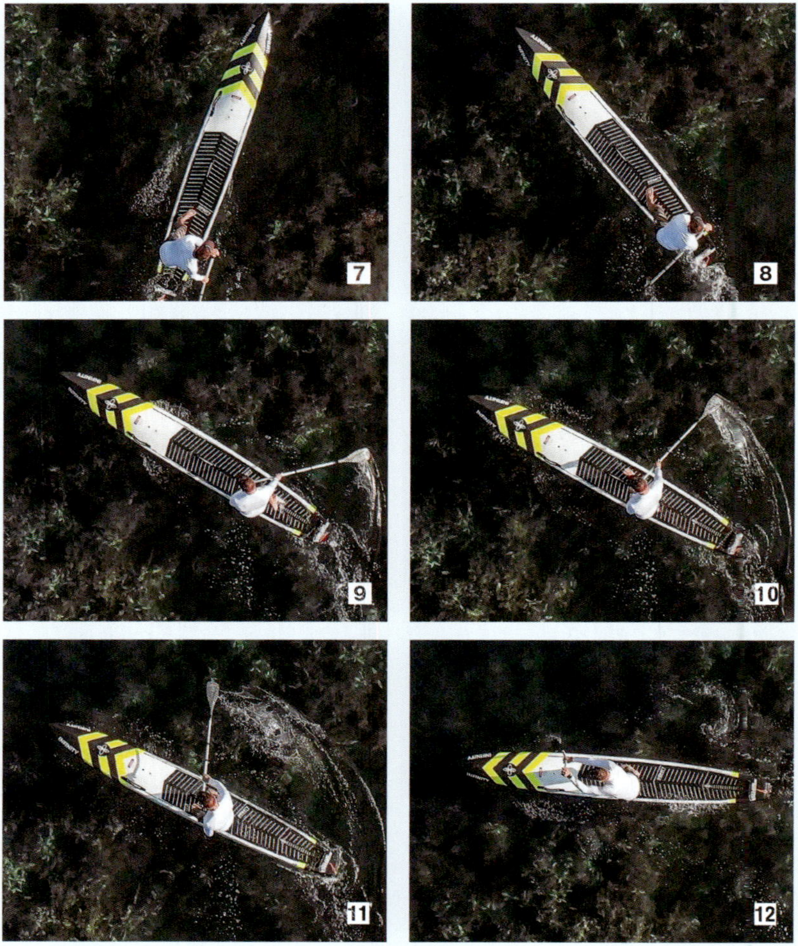

ALLGEMEINE TIPPS UND HINWEISE

VERSCHIEDENE POSITIONEN AUF DEM BOARD

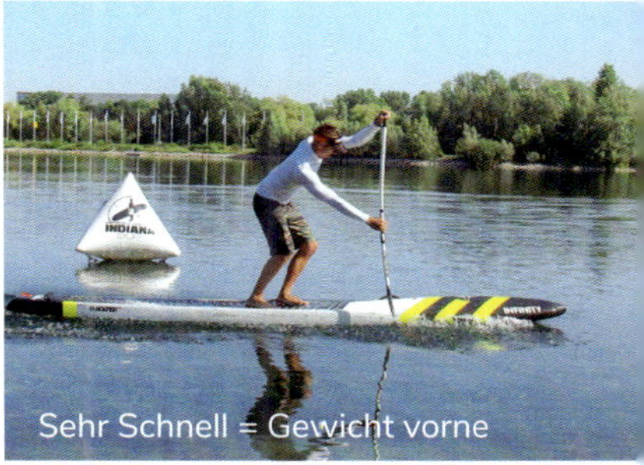

Sehr Schnell = Gewicht vorne

Die Standardposition (mittig auf Höhe der Griffschlaufe- Mulde) auf dem Board sollte, unter bestimmten Umständen angepasst werden.

Bei der Mitnahme von Gepäck sollte das Gewicht gleichmäßig auf dem Board verteilt sein, wenn es z. B. zwei Gepäcknetze gibt. Sollte dies nicht der Fall sein, kann durch das Verlagern des Körpergewichts das Board wieder austariert werden. Beispiel: Die Zuladung befindet sich komplett unter dem vorderen Gepäcknetz, dann wandert die Standposition Richtung Heck.

Bei sehr langen Boards (über 14 Fuß) ist es ebenfalls ein guter Tipp, besonders bei (starkem) Seitenwind die Standposition nach vorne zu verlagern. Durch den Druck von der Seite neigt das Board stark dazu mit dem Bug vom Wind weg zu drehen. Das liegt daran, dass die Finne wie ein Drehpunkt wirkt und der Wind ein langes Board besonders leicht vom Wind wegdrehen kann. Die Hebelwirkung ist dabei größer, als bei kürzeren Boards. Das bedeutet, dass der Standpunkt nach vorne verlagert werden sollte. Dadurch lässt sich mit geringerem Kraftaufwand und weniger Korrekturschlägen eine Seitenwindpassage überwinden. Bei schnellerem SUPen macht es ebenfalls Sinn, das Körpergewicht nach vorne zu bringen. Dies gilt besonders für kürzere Boards (unter 14 Fuß), die eine kurze Wasserlinie haben. Durch den schnelleren Vortrieb hebt sich der Bug aus dem Wasser und das Heck sinkt ab. Je schneller gepaddelt wird, desto größer ist dieser Effekt und das Board „schiebt" über das Wasser. Dies kann durch die Trimmung mit dem Körpergewicht nach vorne z. T. ausgeglichen werden.

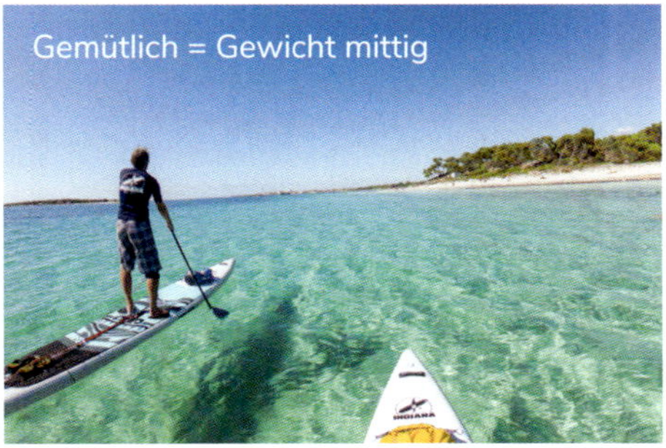

Gemütlich = Gewicht mittig

VERSCHIEDENE GRIFFWEITEN DES PADDELS

EBENFALLS SOLLTE UNTER GEWISSEN UMSTÄNDEN DIE GRIFFWEITE AM PADDEL VARIIEREN.

Um sehr kraftvolle Paddelzüge über eine kurze Distanz durchzuführen, macht es Sinn das Paddel weit zu greifen. So ergibt sich, vor allem für den unteren Arm, eine bessere Kraftumsetzung. Gleichzeitig ist die Schlagfrequenz sehr hoch und der Oberkörper wird nicht aufgerichtet.

Bei stärkerem Gegen- oder Seitenwind macht es ebenfalls Sinn die Griffweite zu erhöhen. Gleichzeitig sollte der Oberkörper mehr nach vorne gebeugt werden. Dadurch wird das Paddelblatt tiefer in das Wasser gestochen und die Paddelzüge erreichen im tieferen Wasser einen höheren Widerstand.

Eine kürzere Griffweite kann dann Sinn machen, wenn man sehr gemütlich und langsam paddeln werden möchte. Meistens wird dabei nur aus den Armen heraus gepaddelt und der Oberkörper verbleibt durchweg in einer aufrechten Position.

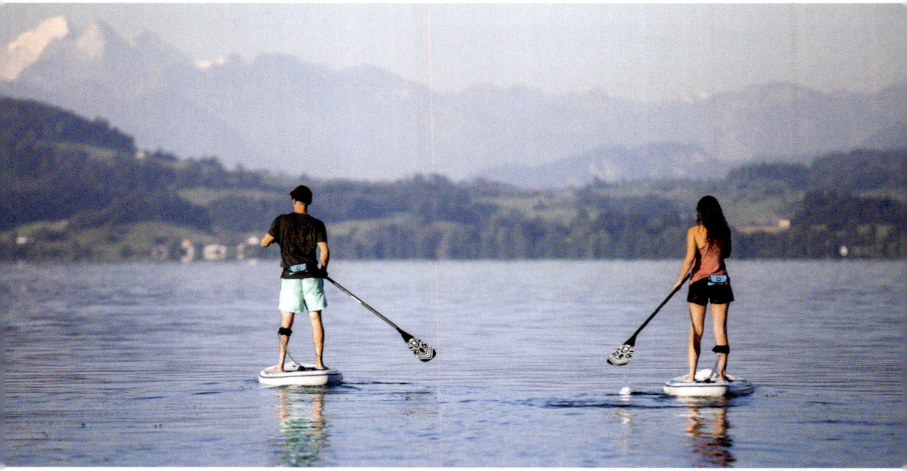

Langsam über den See, mit kurzer Griffweite.

PADDELFLATTERN

Paddelflattern bedeutet, dass das Paddel beim Zug durch das Wasser sich leicht unkontrolliert hin und her bewegt.

Dabei wird Energie vergeudet und die Paddelführung fühlt sich unangenehm an.

DAS „FLATTERN" KANN VERSCHIEDENE URSACHEN HABEN

Zum einen ist es möglich, dass die Griffweite am Paddelschaft nicht groß genug ist. Dadurch kann die untere Hand, am Paddelschaft, das Paddel nicht genügend stabilisieren, wenn das Paddelblatt (kraftvoll) durch das Wasser gezogen wird.

Eine weitere Möglichkeit ist, dass das Paddelblatt keinen definierten Druckpunkt hat. Bei einem komplett flachen und großen Paddelblatt, konzentriert sich der Wasserdruck nicht zentral in der Blattmitte. Dann reicht eine minimale Drehung des Paddelblatt und der Druckpunkt verlagert sich, was in einer unruhigen Paddelführung endet.

Ermüdung kann ebenfalls die Ursache sein, dass sich das Paddel nicht mehr ruhig durch das Wasser führen lässt. Weniger kraftvolle Paddelzüge und Konzentration können eine kurze Zeit hilfreich sein.

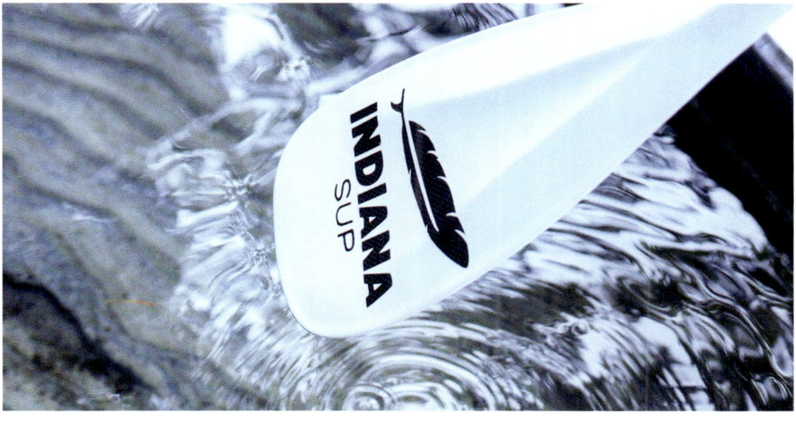

Paddel mit Druckpunkt (innerhalb des „V").

KONTAKT ZUM WASSER

EIN GUTER TIPP IST, IMMER KONTAKT ZUM WASSER HALTEN.

Das bedeutet, dass das Paddelblatt möglichst immer auf oder im Wasser ist. Zum einen lässt sich so die Bewegung des Boards sehr gut erkennen oder besser gesagt, erfühlen.

Zum anderen, kann durch den direkten Kontakt sehr schnell und ohne große Anstrengung das Board stabilisiert werden. Besonders bei kabbeligen und unruhigen Bedingungen, hilft der ständige Kontakt zum Wasser eine entspanntere Zeit auf dem Board zu haben.

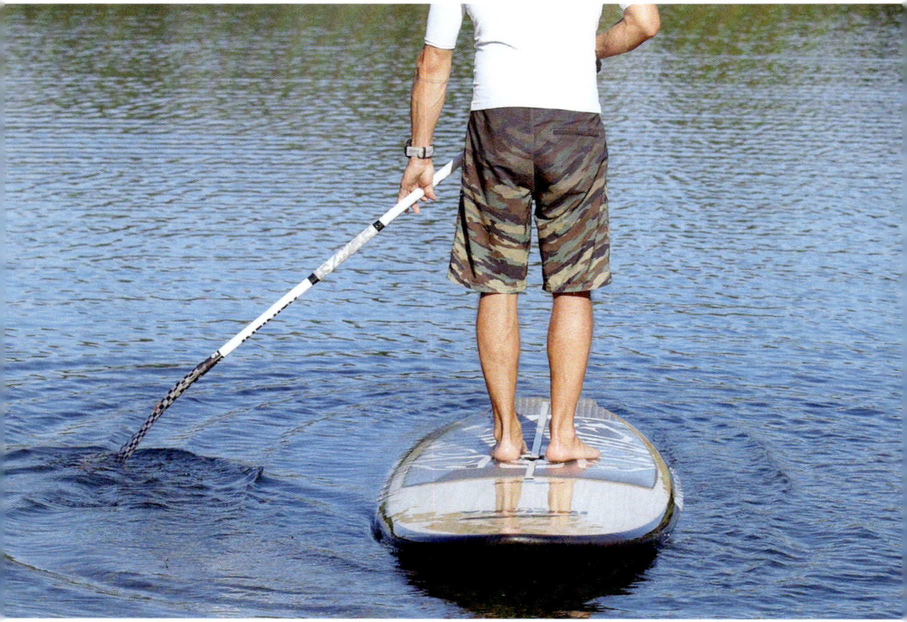

Mit dem Paddelblatt immer Kontakt zum Wasser halten.

EINGESCHLAFENE FÜSSE

NACH EINER GEWISSEN ZEIT IM STEHEN KANN ES VORKOMMEN, DASS EINEM DIE ZEHEN ODER FÜSSE EINSCHLAFEN.

Das kann verschiedene Ursachen haben. Zum einen kann es daran liegen, dass die Füße und Zehen wenig oder gar nicht bewegt werden und die Durchblutung dadurch eingeschränkt ist.

Ein weiterer Grund kann die Beschaffenheit des Deckpads sein. Sehr profilierte und weiche Deckpads können eher dazu führen, dass einem die Zehen und Füße einschlafen.

Als Vorsorge empfiehlt es sich die Zehen regelmäßig zu bewegen und die Standposition auf dem Board immer mal wieder minimal zu verändern. Somit wird die Durchblutung in den Füßen und Zehen gefördert.

Eine weitere Möglichkeit, das **»Einschlafen«** zu verhindern, ist das Tragen von **Schuhen oder Füßlingen**, die ein Fußbett besitzen. Der Nachteil hierbei ist, dass durch das Tragen von Schuhen das Boardgefühl nachlässt. Sollte alles nichts helfen, müssen die Füße entlastet werden. Dies geschieht bei einer Pause an Land oder, sollte das Ufer zu weit entfernt sein, bei einer **»Sitzpause«** auf dem Board.

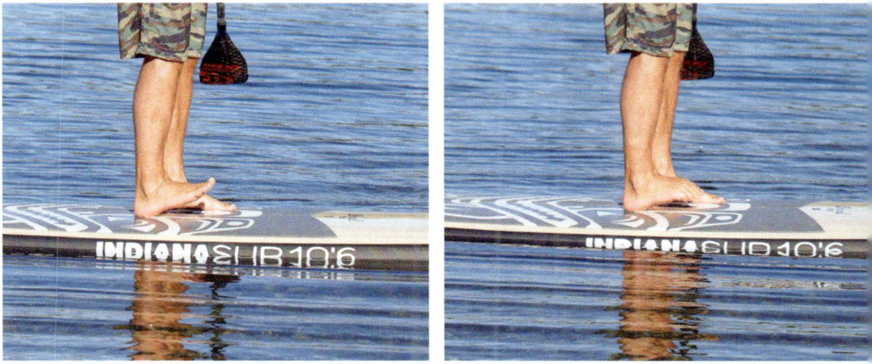

Durch das Bewegen der Zehen, wird die Durchblutung gefördert und das „Einschlafen“ verhindert.

ÜBUNGEN

Nicht nur bei Kindern, die sich spielerisch mit dem SUPen beschäftigen, sondern ebenso bei Erwachsenen hilft das Spielen und Experimentieren, um ein besseres Boardgefühl zu bekommen. Das Austesten der Grenzen bringt mehr Vertrauen in die eigenen Fähigkeiten und kann einem bewusst machen, welches Potenzial das SUP-Board hat. Ein schöner Nebeneffekt ist, dass die körperliche Fitness gefördert wird und durch die spielerische Ablenkung die Anstrengung weniger bewusst wird.

Für die folgenden Übungsvorschläge sind gute Wetterbedingungen, flaches Wasser und wenig Wind von Vorteil. Welches Board zum Einsatz kommt, spielt keine besondere Rolle. Wichtig ist, dass das Board eine gewisse Stabilität aufweist und sich beim „normalen" SUPen gut anfühlt.

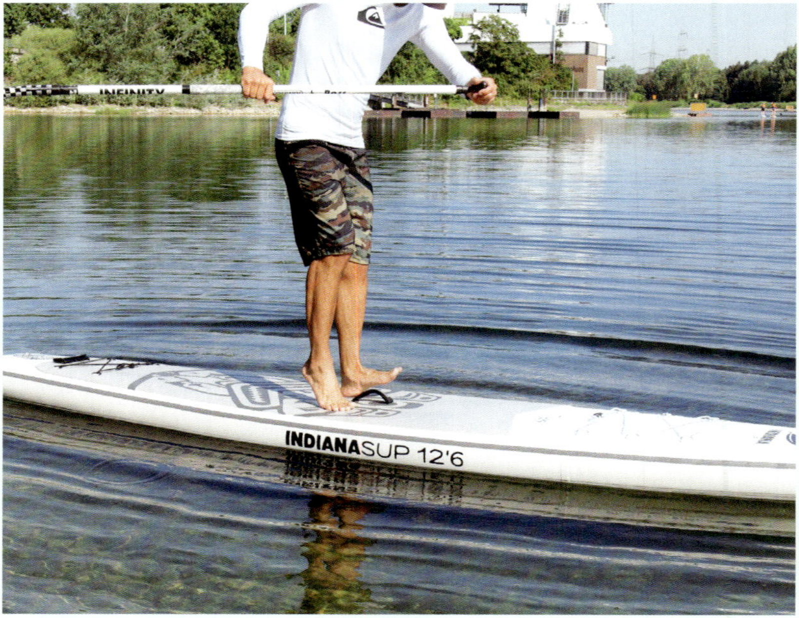

ÜBUNGEN FÜR DEN GLEICHGEWICHTS-SINN UND DIE GESCHICKLICHKEIT

Die nachfolgenden Übungsvorschläge dienen der Verbesserung der koordinativen Fähigkeiten. Sie sorgen dafür, dass Gleichgewichtsgefühl zu verbessern und heben das Vertrauen in die eigene Person und das vorhandene Material.

Wichtig ist, dass jegliche Übungen langsam angegangen und mit Bedacht durchgeführt werden.

Durch die Kombination von verschiedenen Übungen und dem Steigern des jeweiligen Schwierigkeitsgrades, lässt sich die Anzahl der möglichen Aufgaben um ein hohes Maß erweitern.

ENGE FUSSTELLUNG

ALLGEMEIN ›

Aus der Standard-Position 1 die Füße enger zusammenstellen 2 und verschiedene Paddelschläge durchführen. Im nächsten Schritt, die Füße noch enger stellen, bis sich die Fußknöchel berühren und mehrere Manöver SUPen 3.

STEIGERUNG ›

Mit eng zusammenstehenden Füßen eine längere Strecke kraftvoll SUPen.

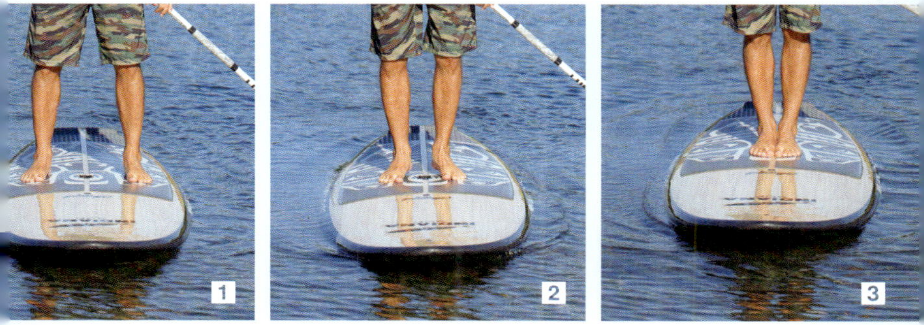

GEWICHT VORNE ODER HINTEN AUF DEM BOARD UND PADDELN

ALLGEMEIN

Aus der Standard-Position, mittig auf dem Board 1 das Körpergewicht und die Standposition verändern.

In Richtung Bug 2 oder in Richtung Heck 3. Die Übung mit kleinen Schritten nach vorne oder hinten beginnen, um die Wirkung der Gewichtsverlagerung zu erfahren.

HINWEIS: Je weiter das Gewicht zum Bug oder zum Heck verlagert wird, desto instabiler wird das Board auf dem Wasser liegen.

STEIGERUNG › Auf der „neuen" Position die Füße enger zusammenstellen und das Board mit Hilfe der Paddelstütze stabilisieren.

STEIGERUNG II › Auf der „neuen" Position verschiedene Paddelschläge durchführen und eine kurze Strecke (versuchen) geradeaus zu SUPen.

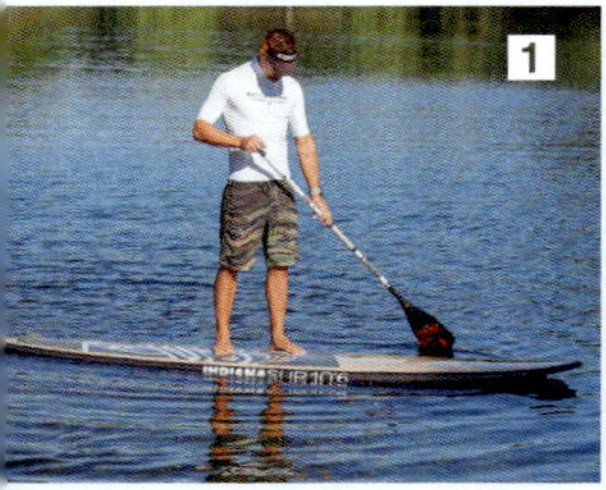

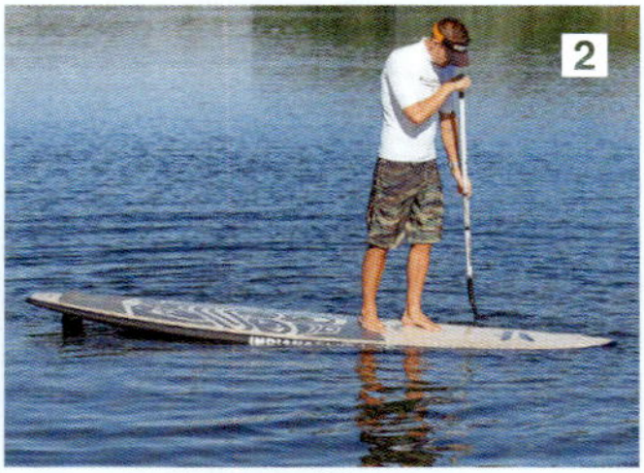

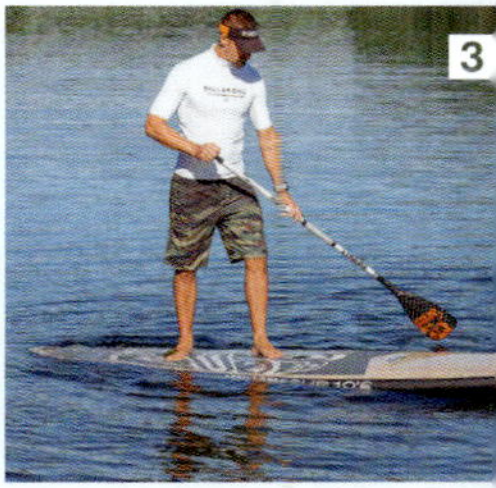

AUGEN ZU

Eine im wahrsten Sinne spannende Übung!

„Einfach“ in der Normal-Position auf dem Board stehen und die Augen schließen **1**. Das Paddelblatt sollte am Anfang der Übung auf dem Wasserliegen.

STEIGERUNG › Mit geschlossenen Augen das Paddelblatt von der Wasseroberfläche heben.

STEIGERUNG II › Mit geschlossenen Augen eine kurze Strecke SUPen oder ein beliebiges Paddelmanöver ausführen **2**.

HINWEIS: Unbedingt darauf achten, dass die Umgebung frei und das Wasser ausreichend tief ist.

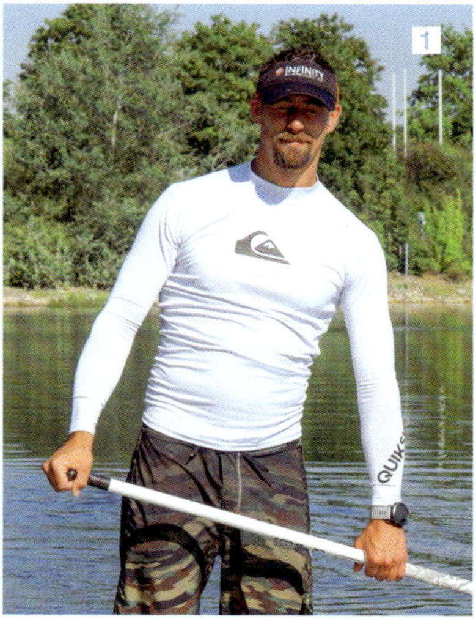

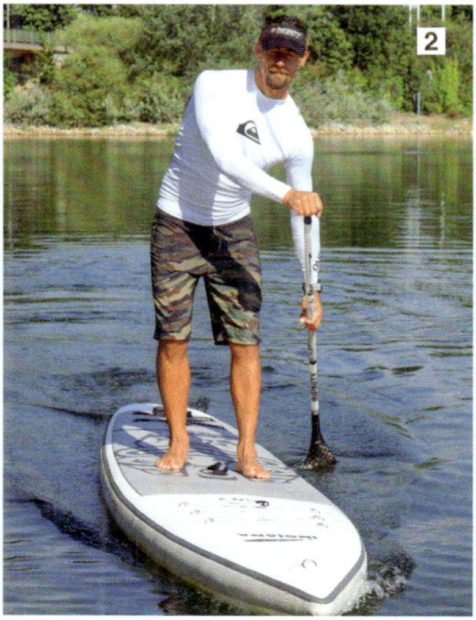

RÜCKWÄRTSFAHREN

ALLGEMEIN

Die Standposition ca. 10 bis 20 cm vor die Griffschlaufe- mulde in Richtung Bug nach vorne verlagern und beginnen das Board rückwärts in Fahrt zu setzen. Dazu das Paddelblatt dicht auf Höhe der Füße in das Wasser stechen **1** und nach vorne drücken **2**. Schlag wiederholen **3**.

HINWEIS: Dadurch, dass die Finne sich jetzt „vorne“ befindet und „hinten“ keine Führung mehr unter dem Board ist, lässt sich das Board nur sehr schwer auf einem geraden Kurs halten.

STEIGERUNG › Das Körpergewicht so weit nach vorne in Richtung Bug verlagern, dass die Finne aus dem Wasser kommt. Dadurch lässt sich das Board besser manövrieren, wird allerdings gleichzeitig kippliger.

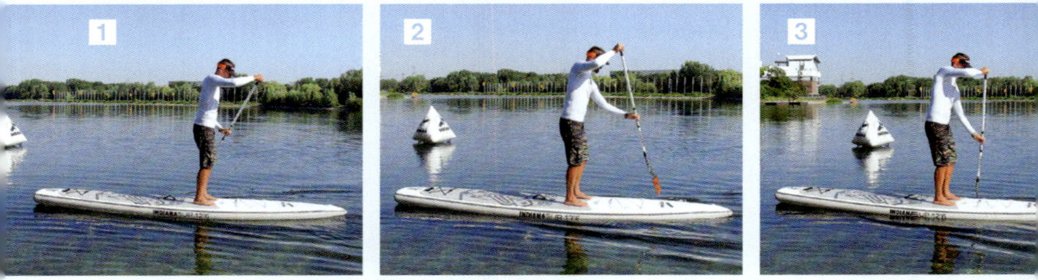

EXPERTEN TIPP

Testweise das Paddel drehen, sodass die Paddelblattvorderseite nach hinten zeigt. Je nach Typ des Paddels ändert sich dadurch der Vortrieb und das Handling des Boards.

FERSEN & ZEHNSPITZEN

ALLGEMEIN

Aus der Standard-Position auf dem Board (mittig & schulterbreit) einen Fuß auf den Fußballen stellen und den anderen Fuß anheben, dass dieser auf der Ferse steht **1**. Ein paar Sekunden halten, dann die Position von Ballen und Ferse wechseln **2**.

STEIGERUNG › Versuchen das Board vorwärts zu bewegen oder z.B. einen Bogenschlag auszuführen.

STEIGERUNG II › Mit beiden Füßen auf den Zehenspitzen stehen **1**, wechseln und mit beiden Füßen gleichzeitig auf der Ferse stehen **2**.

EXPERTEN TIPP **Mit der Paddelstütze absichern, wenn es zu kipplig wird.**

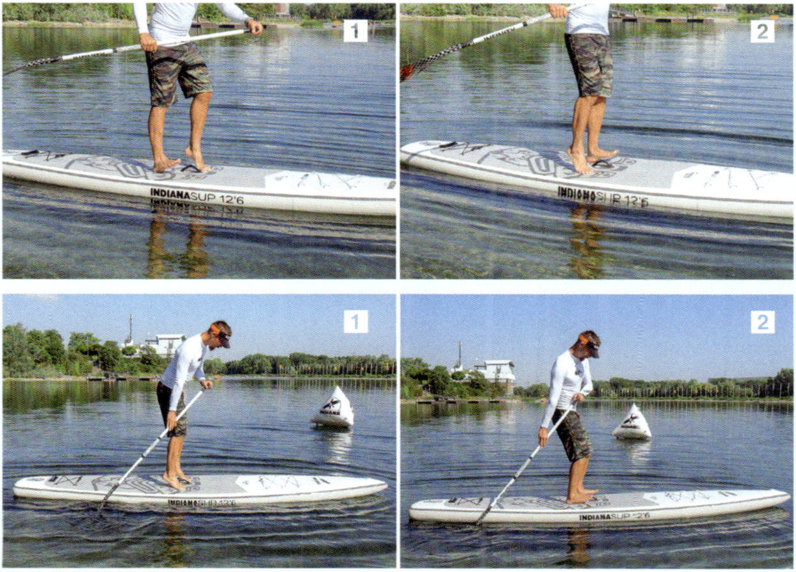

FERSEN & ZEHNSPITZEN

STEIGERUNG III › Sehr schwierig! Ohne Paddelstütze und Kontakt zum Wasser auf den Fersen oder Fußballen stehen.

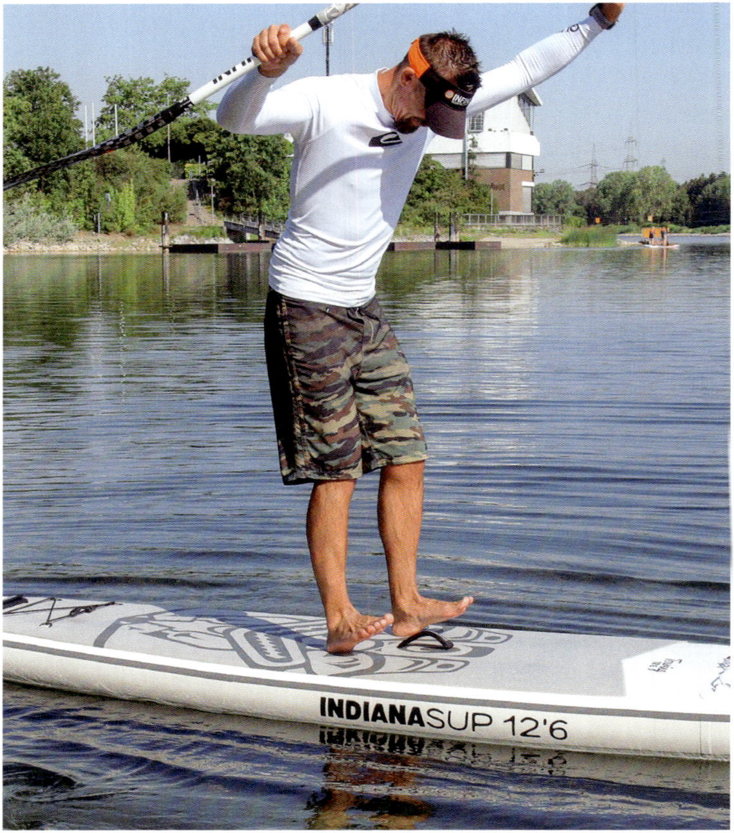

Ohne Paddelstütze eine sehr kippelige Übung.

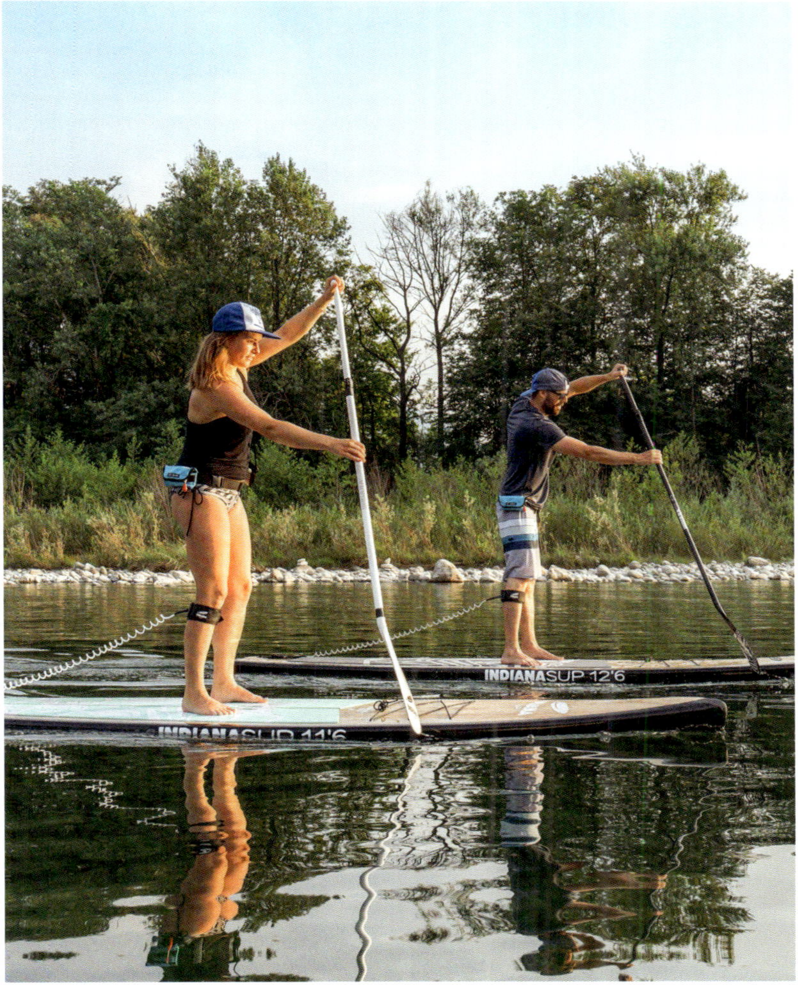

Zwischendurch kann auch mal entspannt geSUPt werden.

LAUFEN ÜBER DAS BOARD

ALLGEMEIN: Eine schöne Übung, besonders bei längeren Boards, ist das Laufen über das Board. Mit kleinen Schritten wird von der Standposition, z. B. in Richtung Heck und zurück „gelaufen". Ziel der Übung ist, dass das Board während

EXPERTEN TIPP

Kleine langsame Schritte machen und über die Boardmitte laufen. Es sollte mehr ein schleichen, als ein rennen sein!

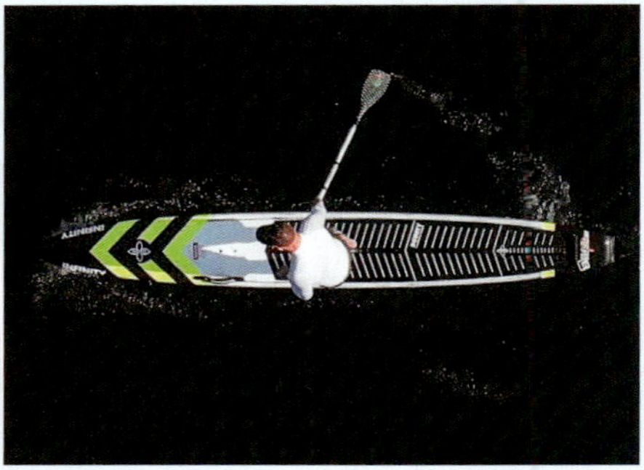

Ein Board in Bewegung...

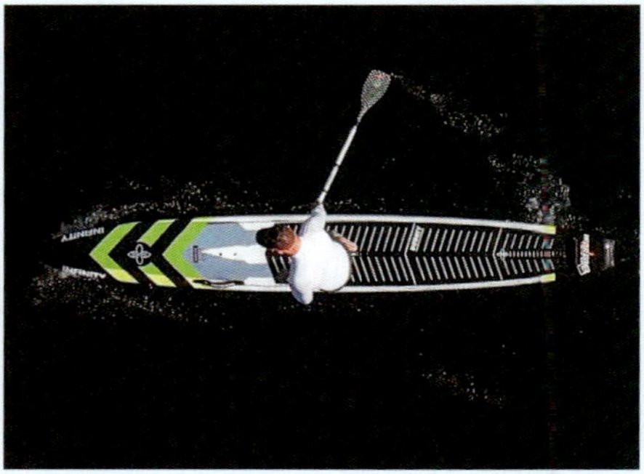

...mit dem Paddel abstützen.

des Laufens wenig Bewegung erfährt und möglichst ruhig auf dem Wasser liegen bleibt. Mit Hilfe der Paddelstütze lässt sich das Board und das Gleichgewicht zu jeder Zeit gut kontrollieren.

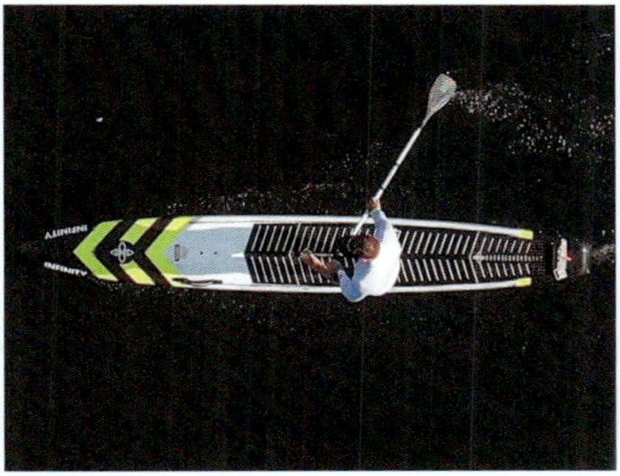

...liegt stabiler auf dem Wasser.

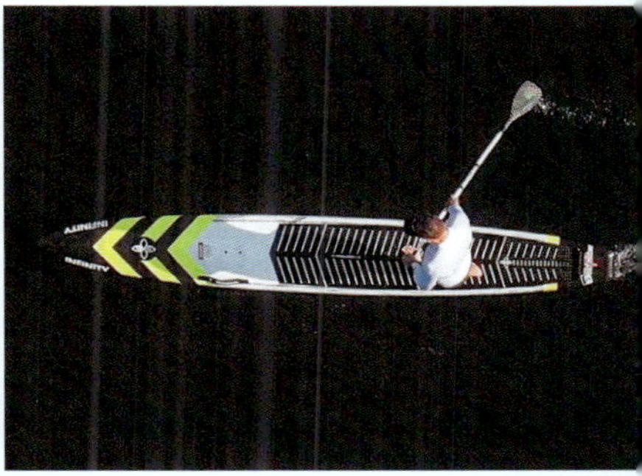

Das Laufen immer...

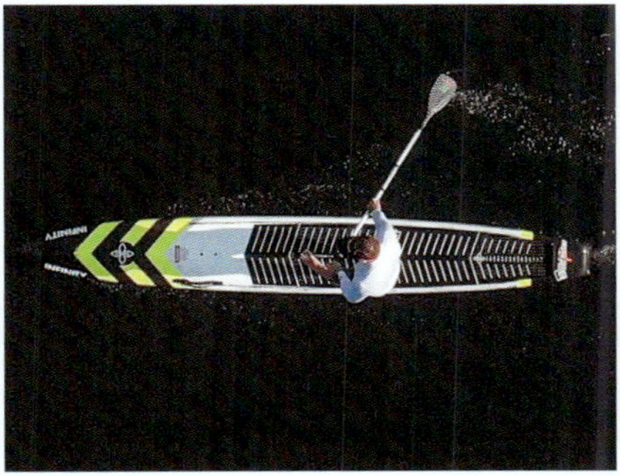

Kleine Schritte ...

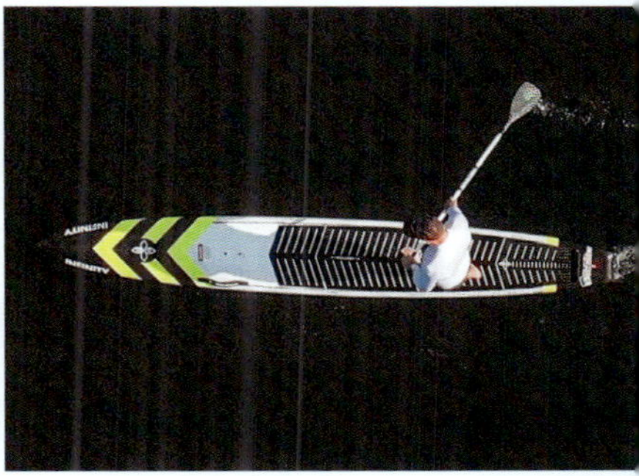

...über die Mitte des Boards.

LAUFEN ÜBER DAS BOARD

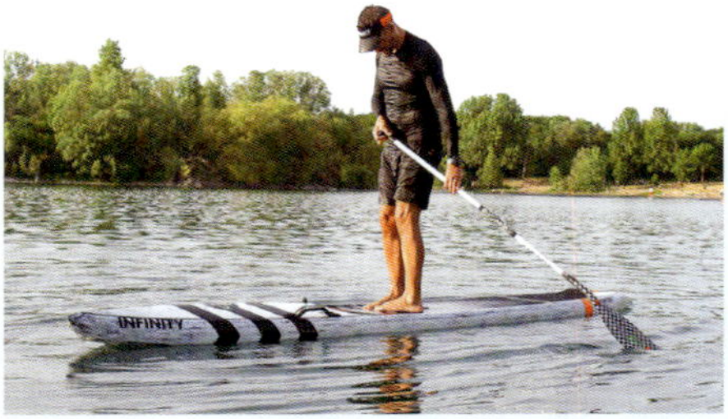

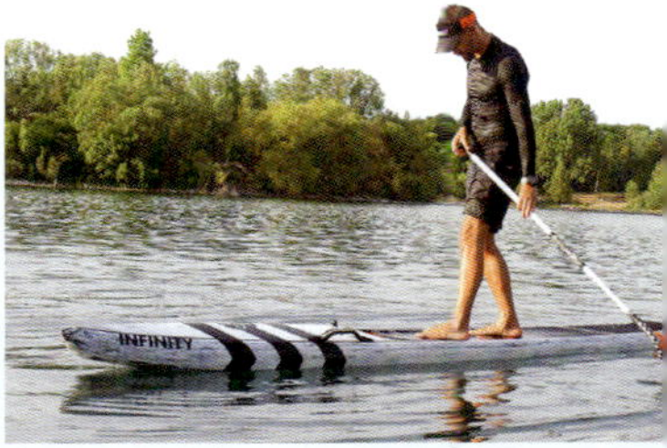

Aus der mittigen, engen Startposition mit kleinen Schritten...

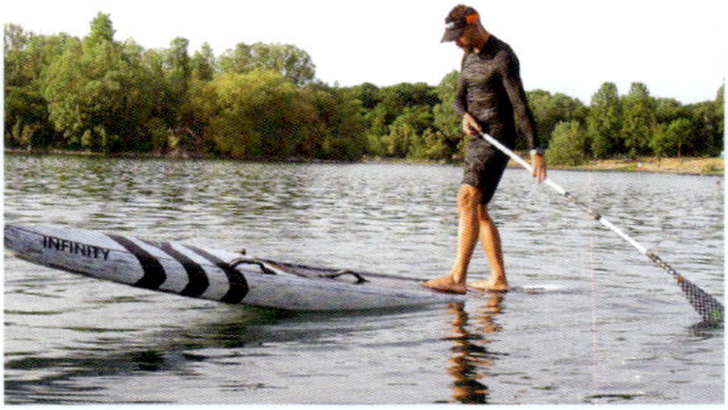

Der Bug hebt sich aus dem Wasser.

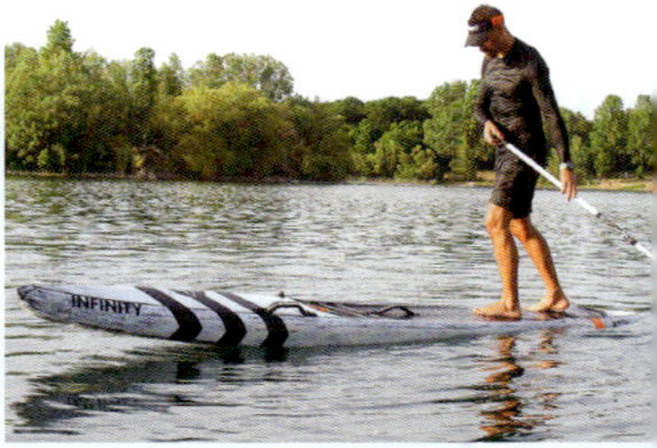

Das Board abstützen...

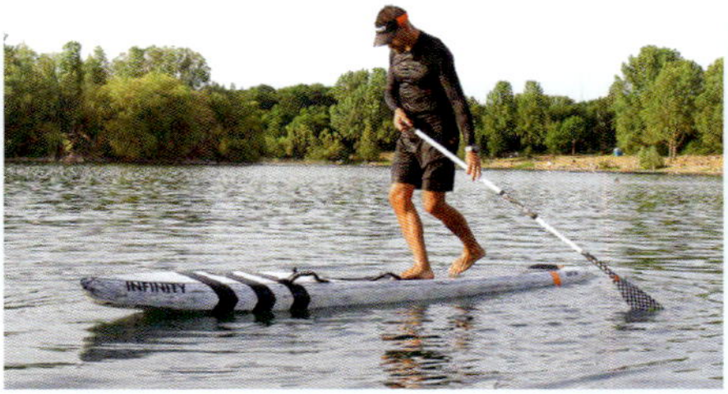

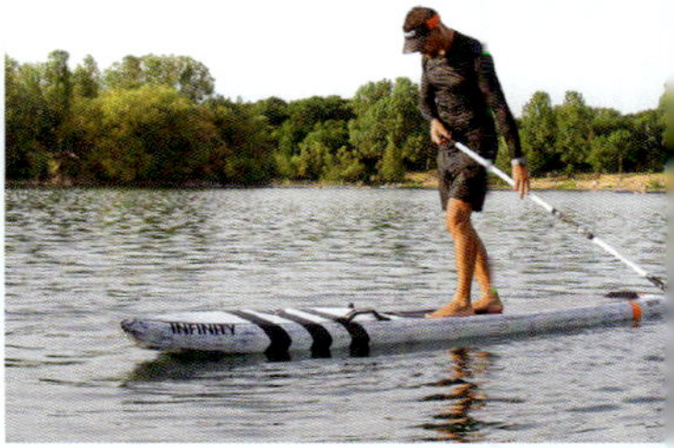

Langsam, mit kleinen Schritten nach vorne zum Startpunkt...

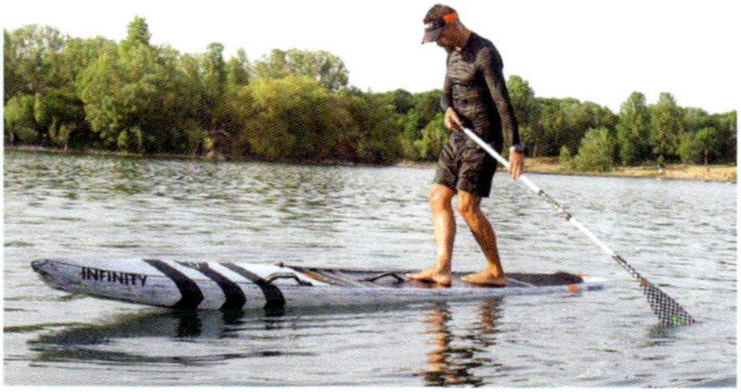

...zum Heck laufen.

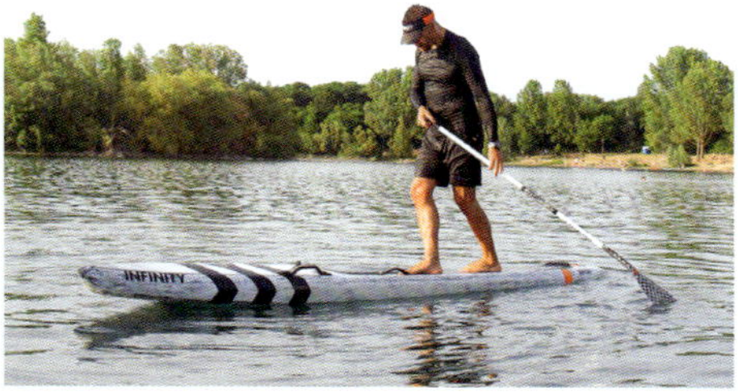

...und stabilisieren.

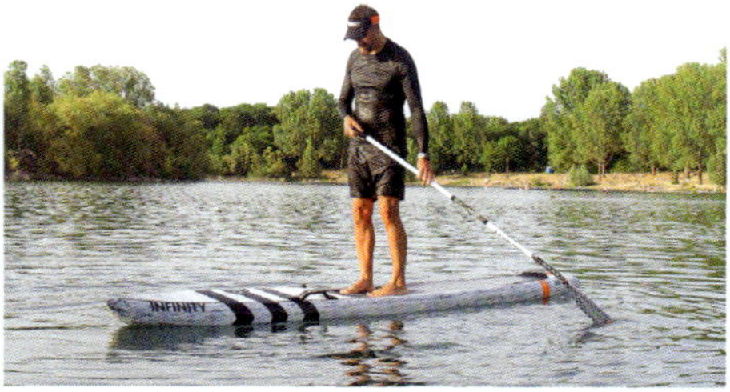

...zurück laufen.

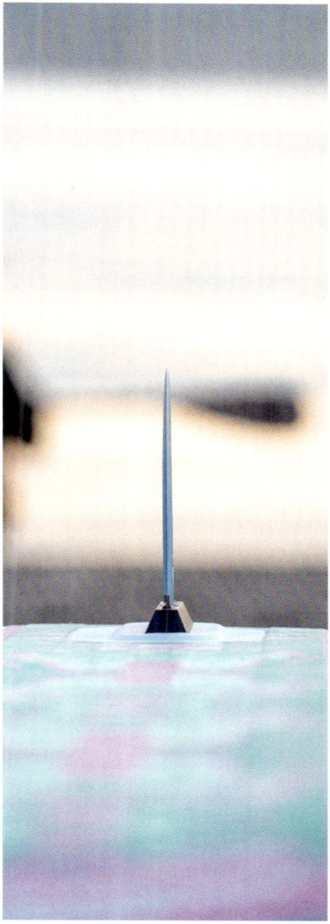

QUER AUF DEM BOARD

ALLGEMEIN: Eine ungewohnte Position ist es, quer auf dem Board zu stehen. Dazu die Standposition in der Mitte des Board so verändern, dass die Zehen in

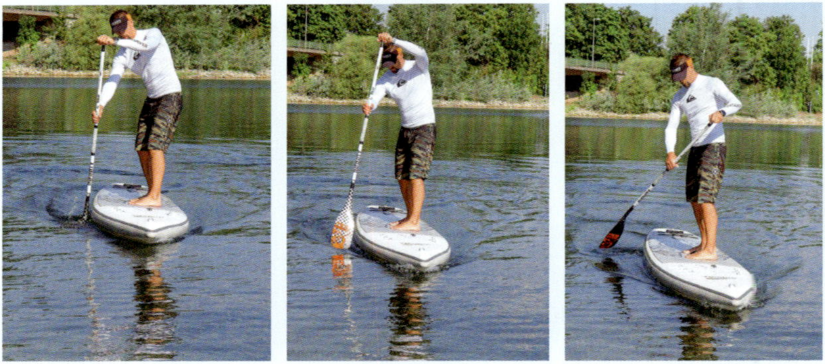

Das Paddelblatt dicht an der Rail durch das Wasser führen. Auch hier gilt, ein Board in Bewegung liegt stabiler auf dem Wasser.

HINWEIS: Die Übung langsam angehen und die Paddelzüge mit Bedacht durchführen.

Richtung Rail zeigen. Das Board ausbalancieren und mit dem Paddel in Vorwärtsbewegung bringen.

STEIGERUNG › Aus der queren Position in der Mitte des Boards, die Standposition nach hinten verlagern.

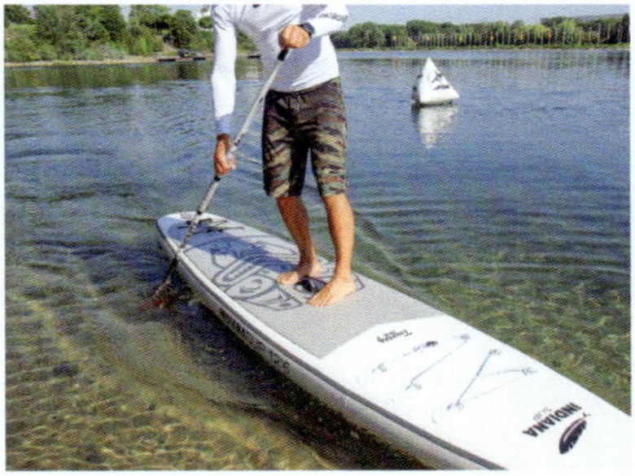

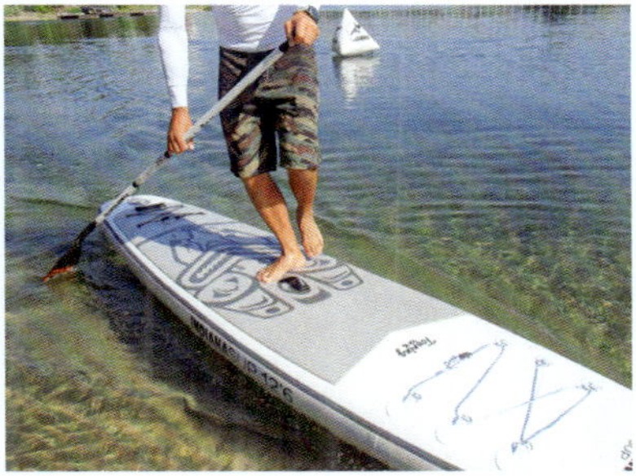

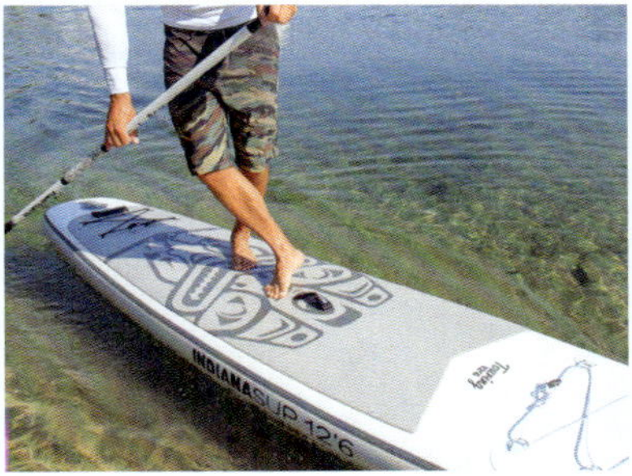

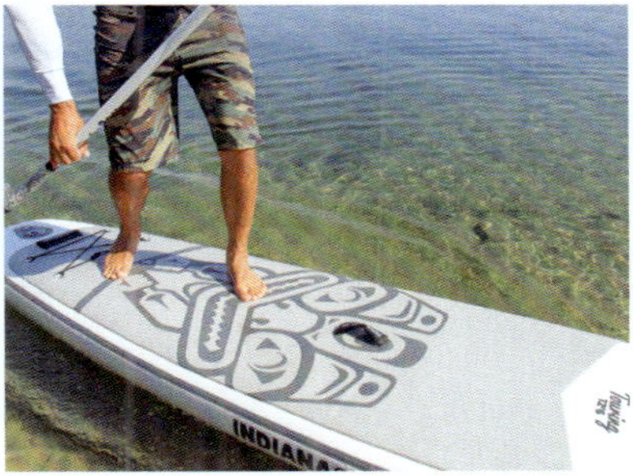

Dabei kommt der Bug aus dem Wasser, was die Übung nochmal erschwert. Mit dem Paddelblatt abstützen und das Board stabilisieren.

360 ° DREHUNG AUF DECKPAD I

ALLGEMEIN: Ruhiges Wasser ist für die 360° Drehung auf dem Board ratsam. Auch bei dieser Übung ist die Paddelstütze und der ständige Kontakt mit dem

EXPERTEN TIPP

Die Füße möglichst zentriert zusammenlassen, dass verringert die Instabilität des Boards.

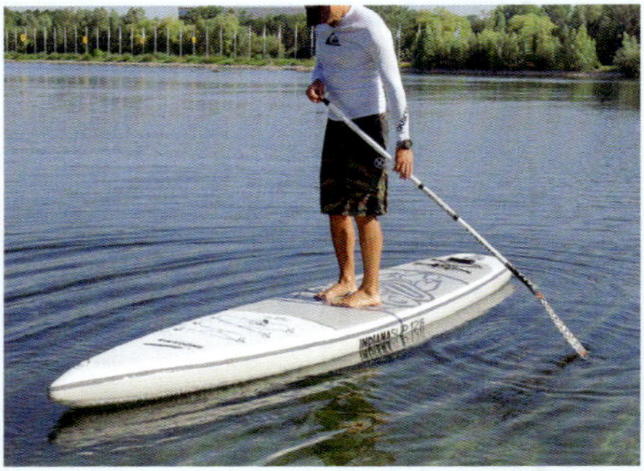

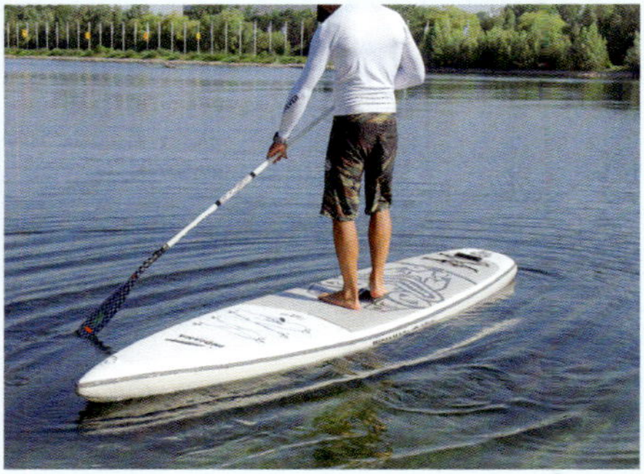

Von der Mitte aus, Schritt für Schritt die Drehung beginnen.

Paddelblatt zum Wasser eine gute Voraussetzung für das Gelingen. Wichtig ist es, dass nach jeder Bewegung, dass Board erst stabilisiert wird, bevor der nächste Schritt unternommen wird. Ebenfalls gilt hier das Motto „schleichen und nicht hasten“!

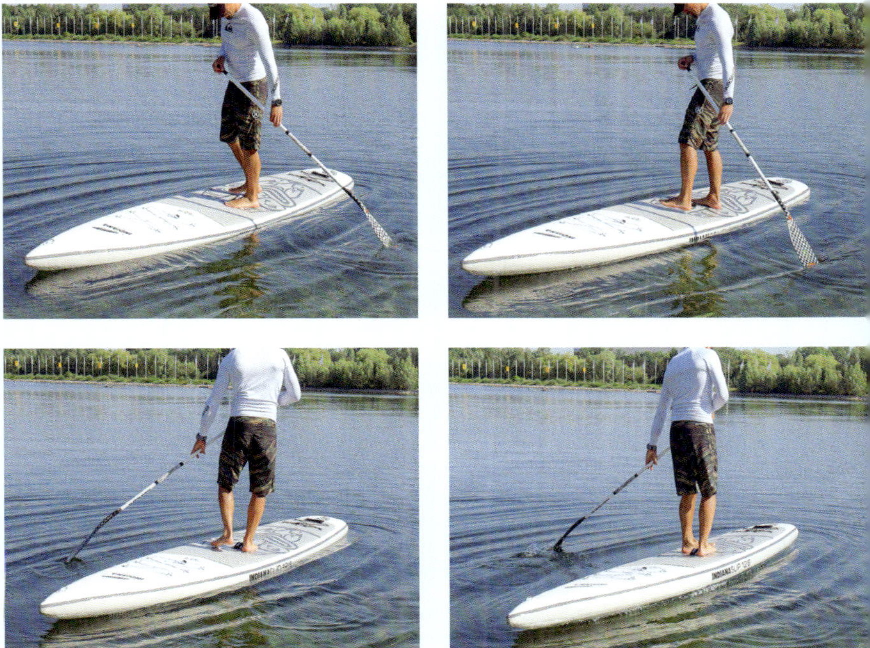

Dabei das Board mit der Paddelstütze nach hinten oder zur Seite stabilisieren.

360° DREHUNG AUF DECKPAD II

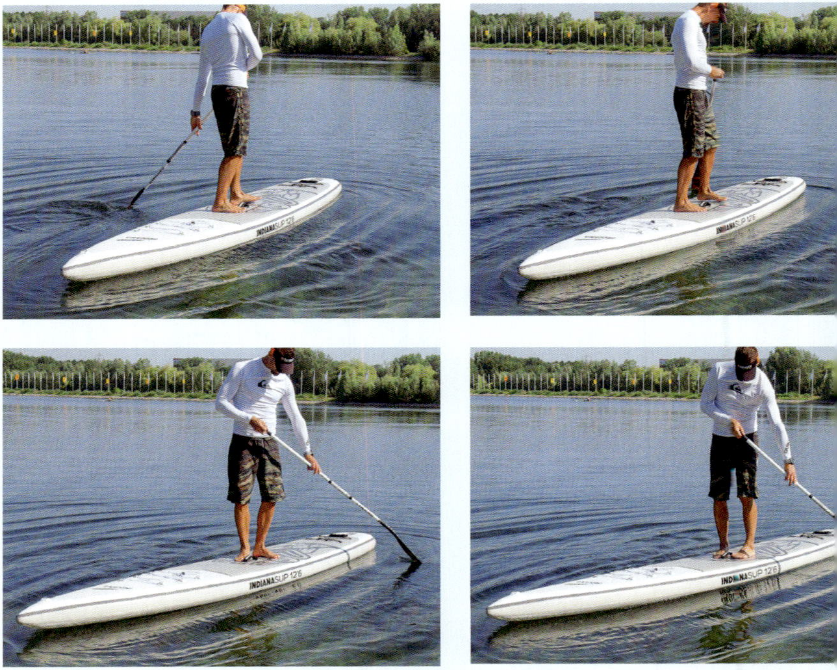

Je weniger Bewegungen das Board macht, desto einfacher wird die Übung.

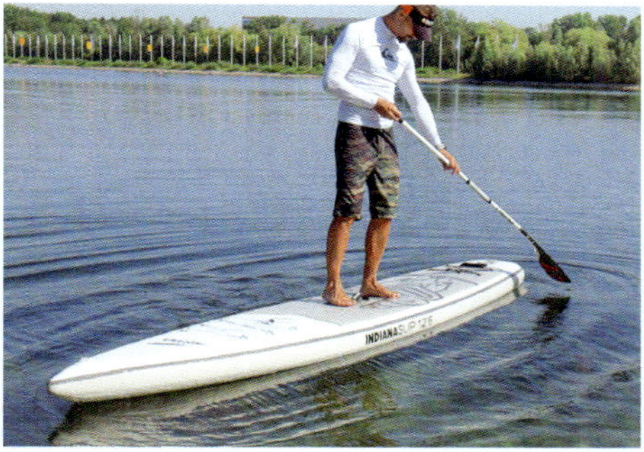

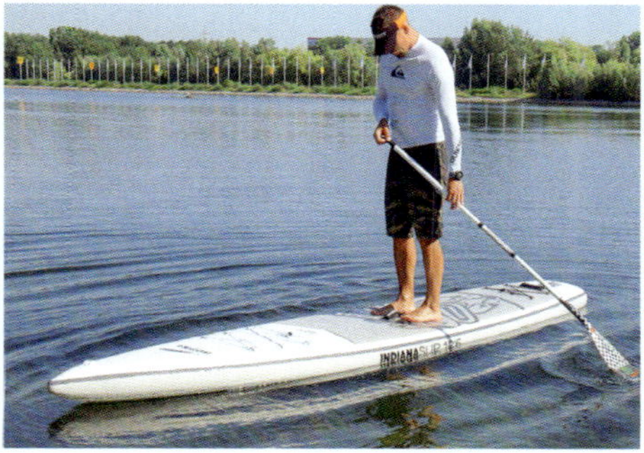

Nach weiteren 180° ist die Drehung komplett.

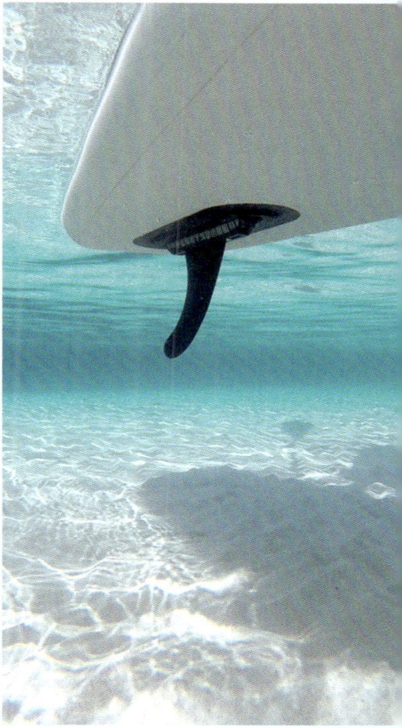

360° PIVOT TURN

ALLGEMEIN: Ziel ist es, das Board möglichst flüssig und gleichbleibend auf der Stelle zu drehen. Durch die Gewichtsverlagerung nach hinten hebt sich der

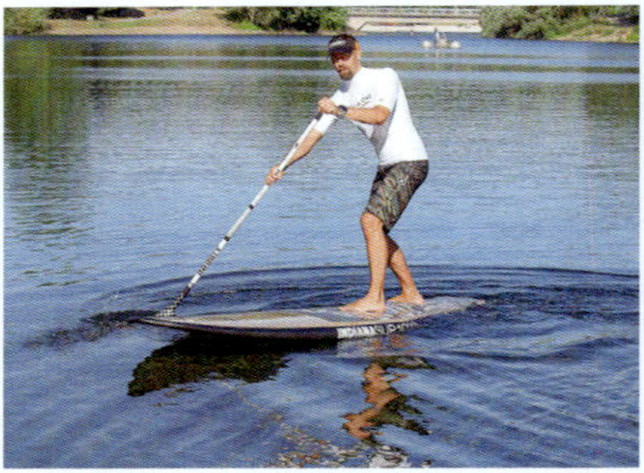

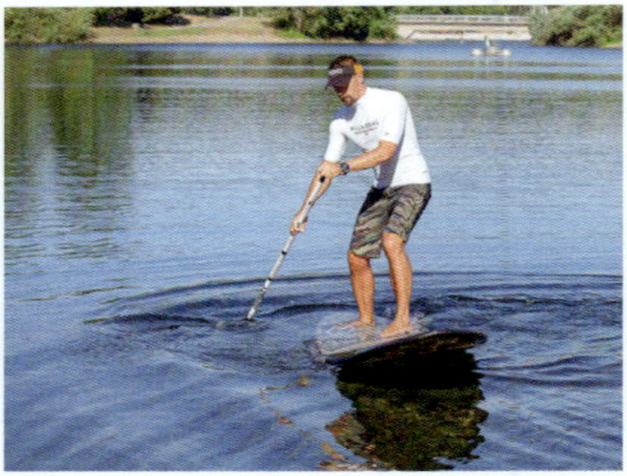

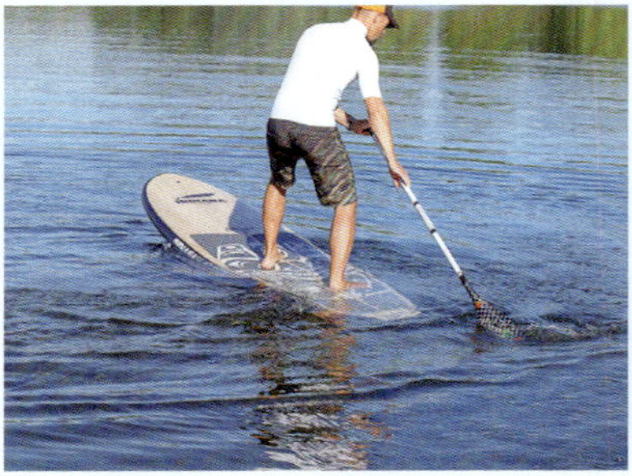

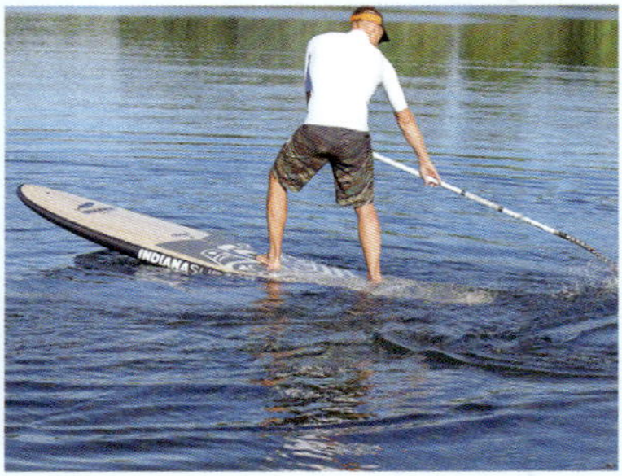

Das Board mit weiten Bogenschlägen in Drehung versetzen. Das Paddelblatt flach über das Wasser zurückführen, dabei abstützen.

HINWEIS: Je mehr der Bug aus dem Wasser gehoben wird, desto schneller lässt sich das Brett drehen.

Bug aus dem Wasser und das Board lässt sich leichter drehen. Die Füße stehen für eine bessere Gewichtsverteilung im Surf Stand.

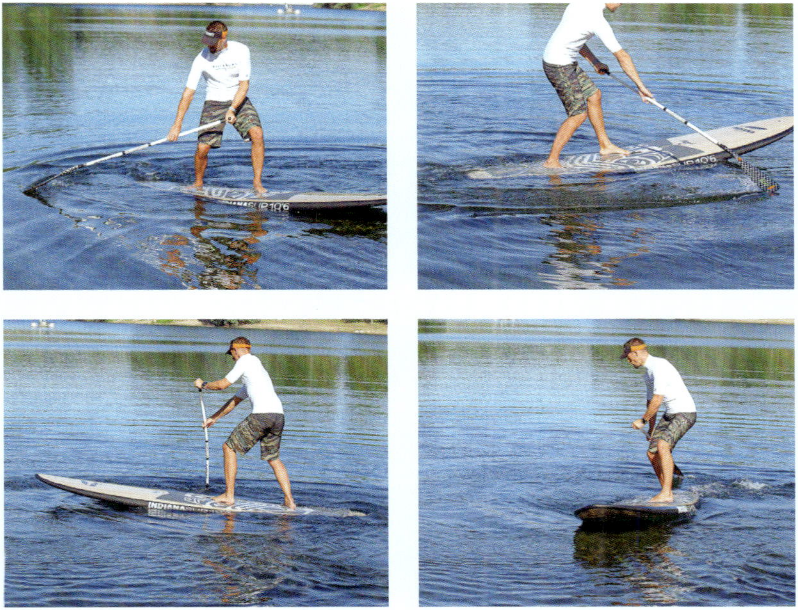

Darauf achten, dass das Board nicht verkantet.

STEIGERUNG › Eine hohe Umdrehungszahl und das Drehen des Boards in beide Richtungen.

AUF EINEM FUSS

ALLGEMEIN: Wie die Überschrift schon vermuten lässt, es geht darum, dass gesamte Körpergewicht auf einem Fuß auf der Boardmitte zu konzentrieren.

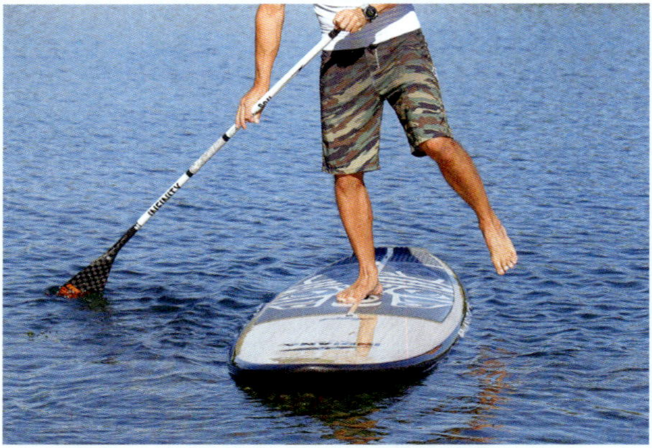

Wichtig ist, sich langsam an diese Übung heranzutasten.

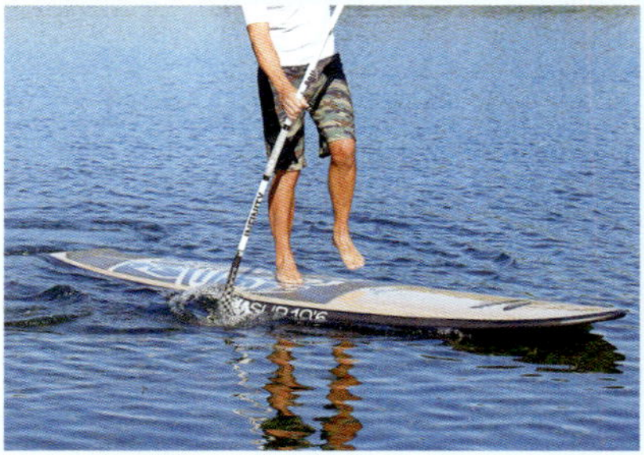

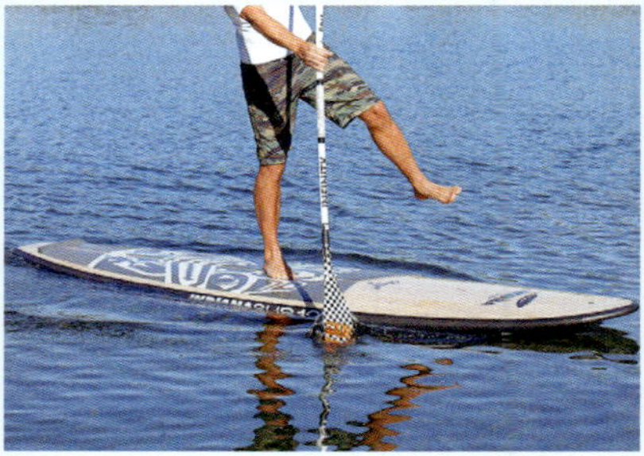

Die große Herausforderung liegt darin, den Unterschied zwischen,

STEIGERUNG › Sicherlich einer der schwersten Übungen. Das Board, stehend auf einem Fuß, in Fahrt zu bringen.

Auch bei dieser Übung geht es nicht ohne Paddelstütze und eine gewisse Gelassenheit bei der Ausführung.

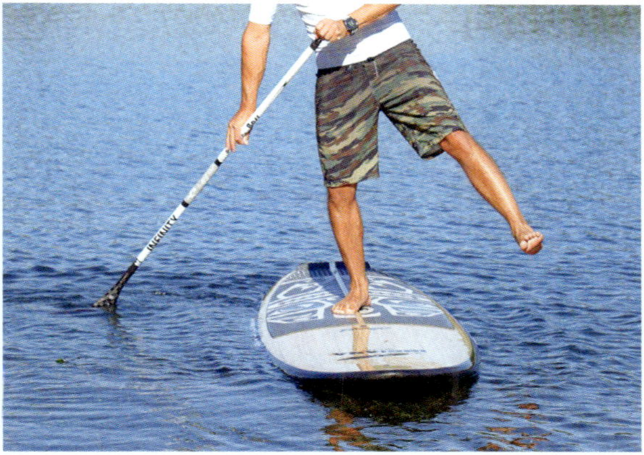

Das Paddel dient als Stütze und das Bein in der Luft trägt ebenfalls zum gelingen bei.

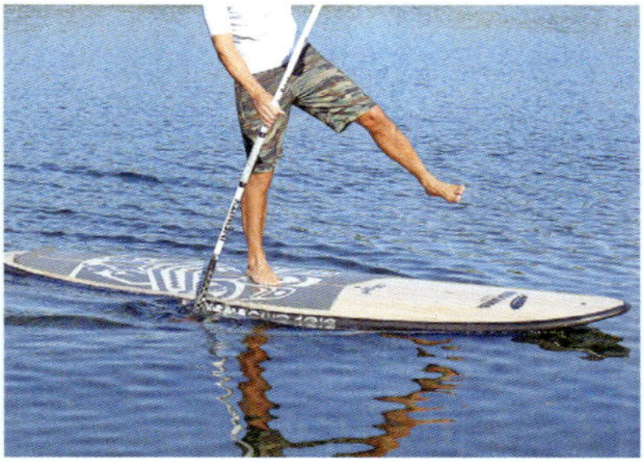

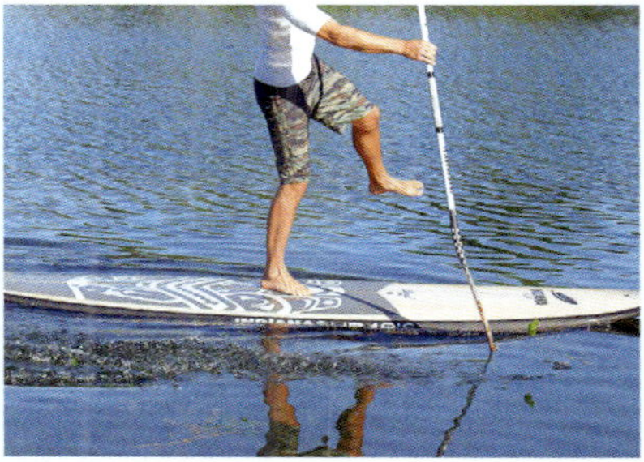

Zugphase und das Paddel nach vorne führen, zu kompensieren.

PADDEL NICHT AUS DEM WASSER

ALLGEMEIN: Ein sehr gutes Training für die Paddelführung ist, das Paddelblatt nicht aus dem Wasser zu nehmen. Das bedeutet, dass nach dem Ausführen eines Paddelzuges, das Paddelblatt durch das Wasser zurückgeführt wird.
Es wird z. B. ein Standard Paddelzug, von der Eintauchphase 1 über die Zug-

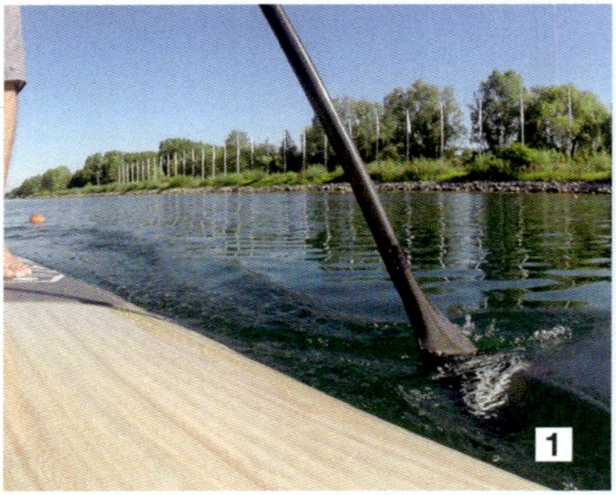

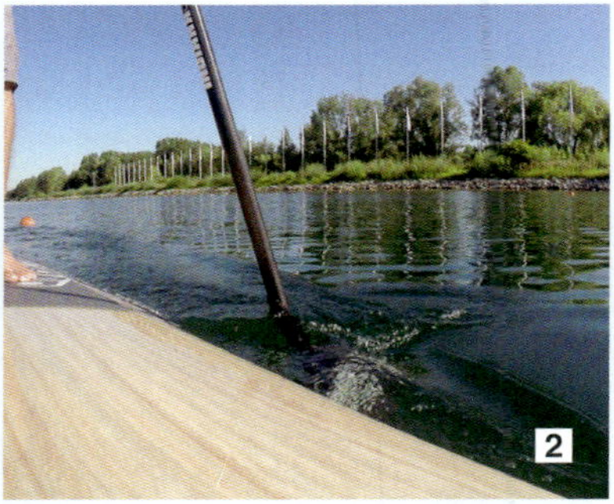

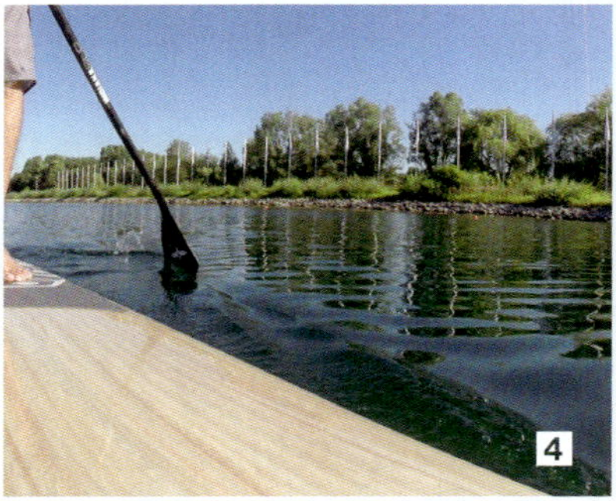

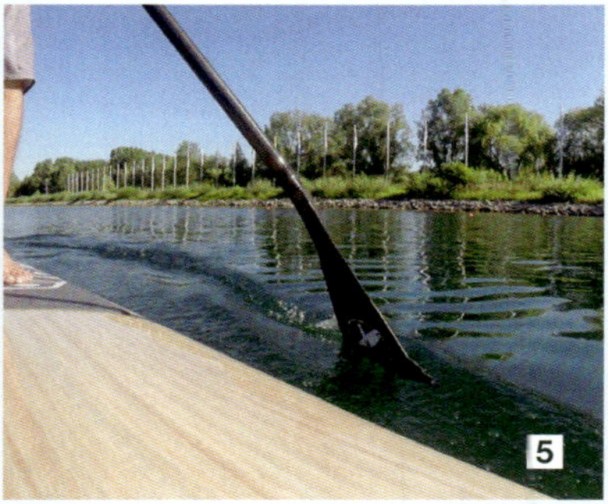

phase 2 bis zum Schlagende 3 durchgeführt. Die Rückführung des Paddelblatt findet dann ebenfalls durch das Wasser statt, in dem das Paddelblatt um 90° gedreht 4 und nach vorne geführt wird 5. Am eigentlichen Einstechpunkt wird das Paddelblatt wieder um 90°, in die „Normalstellung", gedreht 6, um einen weiteren Paddelzug auszuführen.

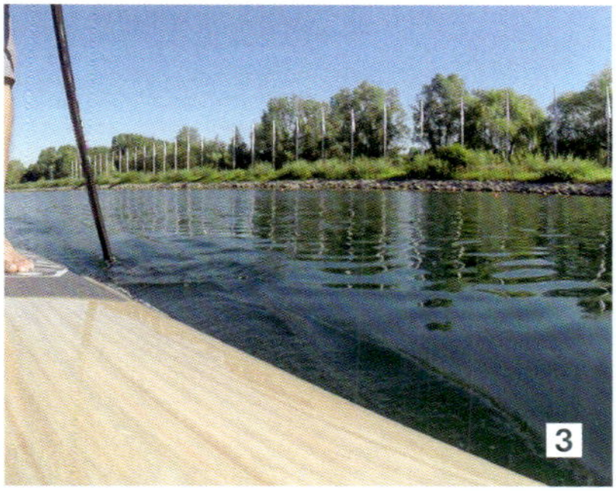
3

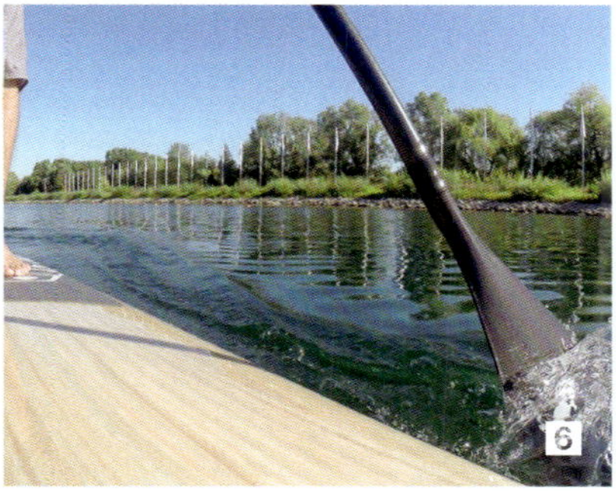
6

STEIGERUNG › Die Übung durchführen und eine längere Strecke geradeaus SUPen. Dabei zwischendurch die Paddelseite wechseln, um die Übung auf beiden Boardseiten auszuführen.

STEIGERUNG II › Verschiedene Manöver und Paddelschläge mit der getauchten Variante durchspielen.

STEIGERUNG III › Nur auf einer Seite paddeln und dabei eine Bojenreihe (o. ä.) im Slalom durchfahren.

WEITERE KOMBINATIONEN UND STEIGERUNGEN

Durch die Kombination von verschiedenen Paddelmanövern und Übungen ergibt sich eine sehr große Vielfalt an möglichen Spielereien mit Board & Paddel.

Steigern lässt sich alles noch in der Kombination von mehreren SUPern und Teilnehmern.

Dadurch ergeben sich mehrere Optionen, unter anderem für verschiedene Staffeln, Wettkämpfe oder Vergleichsübungen. Wer bekommt die meisten Pivot Turns hin, wer paddelt die längste Strecke auf einem Fuß oder kann sich am schnellsten auf dem Deckpad um 360° drehen.

Staffeln bieten sich an, wenn viele Teilnehmer am Start sind und es darum geht alle möglichst gleichzeitig zu beschäftigen. Zum Beispiel darf nur auf der rechten Boardseite gepaddelt werden und es muss eine Boje umrundet werden. Oder es soll ein Parcours durchpaddelt werden, es darf dabei aber nur seitlich auf dem Board gestanden werden.

Mit ein bisschen Fantasie finden sich fast unendlich viele Möglichkeiten für viele verschiedene Aufgaben.

HINWEIS: Damit alle Teilnehmer Spaß und nebenher einen guten Lernerfolg haben, sollte das Können der Teilnehmer auf gleichem Niveau sein. Dementsprechend lässt sich der Schweregrad der jeweiligen Übung anpassen.

Ebenfalls gilt zu beachten, dass bei allen Spielereien genügend Wasser unter dem Board ist, so dass im Falle eines Falles es keine Grundberührungen gibt.

ÜBUNGEN FÜR DIE PADDELEFFIZIENZ

Um die Effizienz eines Paddelzuges zu verbessern oder die Zusammenhänge besser zu erkennen, gibt es ein paar einfache Übungen.

Als Hilfsmittel und Orientierungspunkte sollte es für die Übungen eine oder mehrere Bojen oder ähnliche Markierungen auf dem Wasser geben. Eine Steganlage oder Bootsrampe funktionieren als Referenzpunkte ebenfalls.

Natürlich ist ein GPS Tracker ebenfalls eine gute Unterstützung. Wichtig ist, dass die aktuellen Daten (z.B. die genaue Geschwindigkeit) unmittelbar abgelesen werden kann. Kein Wind und ruhiges Wasser sind ebenfalls nötige Voraussetzungen für die folgenden Übungen.

HINWEIS: Ein GPS Tracker mit einer gut funktionierenden Pulsmessung erweitern die Übungsmethoden um einige Möglichkeiten.

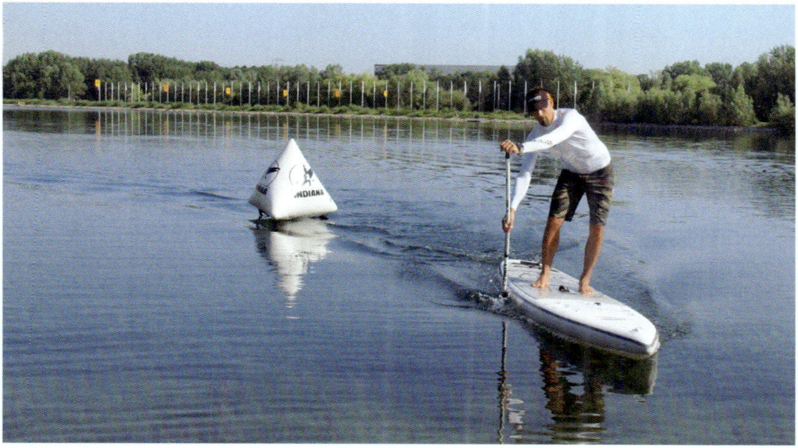

Eine Effiziente Übung, nur auf einer Seite paddeln.

EIN PADDELZUG

Wie es um die Effizienz steht, ob z. B. „meine Paddelzüge" effektiv sind oder sich optimieren lassen, dafür gibt es unter anderem die Methode „Ein Paddelzug".

Das Prinzip baut darauf auf, dass nur ein einziger Paddelzug gemacht wird. Dafür ist es wichtig, dass das Board immer an der exakt gleichen Ausgangsposition liegt. Als Beispiel, das Board liegt mit der Griffschlaufe genau auf der Höhe einer Boje. Von dieser Position aus wird ein einziger Paddelzug ausgeführt, der das Board in Bewegung setzt. Die zurückgelegte Strecke zeigt die Effizienz. Je „besser" der Paddelzug ausgeführt wurde, desto weiter läuft das Board.
Ein genauer GPS Tracker kann zudem noch die erreichte max. Geschwindigkeit anzeigen. Was ebenfalls auf einen effizienten Paddelschlag schließen lässt.

Durch die Veränderungen und Kombinationen verschiedener Parameter, wie z. B. die Griffweite, die Eintauchtiefe des Paddelblatt, die Länge des Paddelzuges, Position (Schwerpunkt) auf dem Board, etc. lässt sich die Entfernung variieren die das Board mit einem Paddelzug zurücklegt.

Natürlich kann diese Methode erweitert werden, in dem die Anzahl der Paddelzüge erhöht wird. Mehr als 2 bis 3 Paddelzüge sollten es nicht sein. Das Ziel ist, möglichst effizient zu sein und nicht ein Sprintrennen zu fahren.

Die saubere und möglichst unangestrengte Paddeltechnik steht dabei im Vordergrund. Die Übung sollte unbedingt immer auf beiden Boardseiten durchgeführt werden, um ein einseitiges Lernen zu vermeiden.

HINWEIS: Damit der Kreislauf und die Herzfrequenz nicht an das Limit kommen, soll diese Übung bewusst bei einer niedrigen bis mittleren Herzfrequenz durchgeführt werden. Mit einer Pulsuhr lässt sich dieser Bereich gut überwachen und einhalten. Ohne entsprechende Ausrüstung braucht es ein bisschen Körpergefühl, für die richtige Einschätzung. In diesem Fall ist weniger, oft mehr!

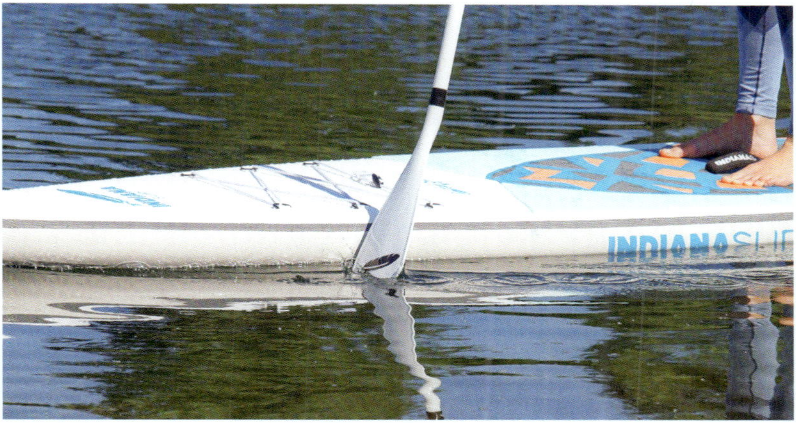

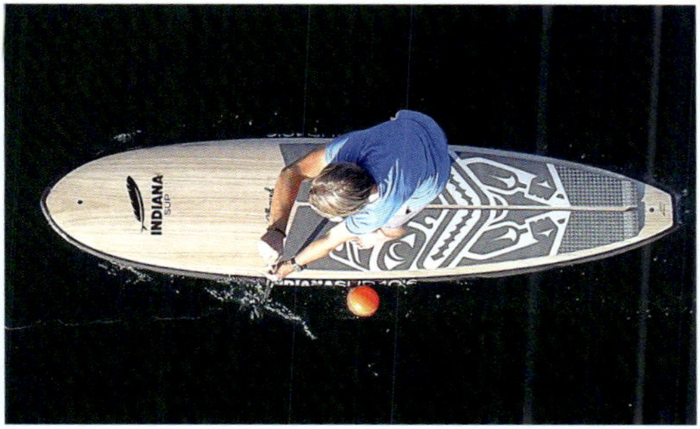

SIEHE › Der „perfekte“ Paddelschlag (Allgemein) (Seite 67), oder Umgekehrter J-Schlag (Seite 69).

EXPERTEN TIPP

Den oder die Paddelzüge bewusst sehr langsam durchführen um den Bewegungsablauf besser zu verinnerlichen. Zum Beispiel das Paddelblatt so durch das Wasser führen und den oder die Schläge ausführen, ohne das Wasser aufspritzt oder sich größere Strudel hinter dem Paddelblatt bilden. Und dann die Weite messen...

NUR EINE SEITE

Die Effektivität und das Zusammenspiel von verschiedenen Paddeltechniken (Manövern) lässt sich gut mit der Übung „nur auf einer Seite" erlernen und verinnerlichen.

Damit die Übung einen Lernerfolg hat, braucht es eine Paddelstrecke die z. B. einer geschwungenen Uferlinie folgt oder einfacher Ausgedrückt, möglichst viele Richtungswechsel beinhaltet.

Beim Befahren dieser Route wird dann das Paddel ausschließlich nur auf einer Seite des Boards geführt. Die Herausforderung besteht darin, die Strecke möglichst zügig und dennoch mit einem möglichst niedrigen Puls zurückzulegen.

Eine gute Zeit und ein niedriger Puls = eine gute Paddeltechnik- und Effizienz. Bei der Übung ist es ebenfalls ratsam, dass sie auf beiden Boardseiten durchgeführt wird, um ein einseitiges Lernen zu vermeiden.

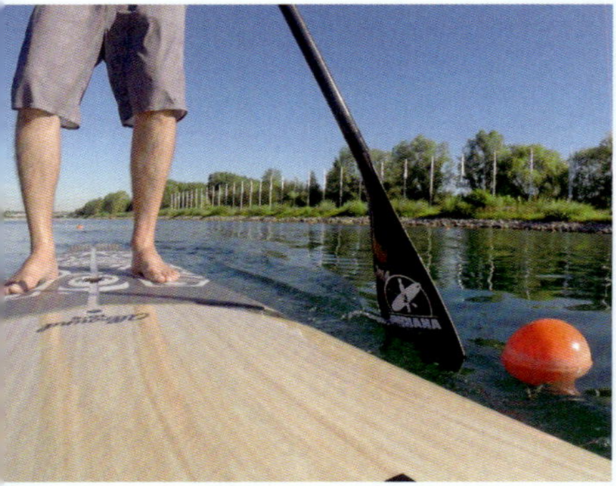

HINWEIS: Gleichzeitig wird mit dieser Übung das vorausschauende Paddeln geübt und trainiert.

STEIGERUNG > Gleiche Strecke, gleiche Aufgabe (nur auf einer Seite paddeln) aber jetzt darf das Paddelblatt das Wasser nicht verlassen.

SIEHE > Übung, Paddel nicht aus dem Wasser (Seite 134).

ABSCHLUSSWORT

SCHÖN WAR ES!

Natürlich ist bei der Erstellung der Bilder nicht immer alles glatt gelaufen. Mal spielte die Sonne nicht mit und es war viel zu schattig. Ein anderes Mal gab es mehr Wind auf dem Wasser und die Wirkung der Paddelschläge ließ sich nicht mehr erkennen. Dann war die „Fluggenehmigung" für die Drohnen nicht schnell genug verlängert worden und es durfte nicht geflogen werden.

Und manchmal stellte sich erst am Schreibtisch raus, dass die Bilder doch „ein bisschen" überbelichtet waren... ...und manchmal haben wir bei anspruchsvolleren Übungen mehr als nur nasse Füße bekommen.

Ach ja, früh aufgestanden wurde auch noch, für gutes Licht, ruhiges Wasser und eine möglichst leere Wasserfläche. Weil nicht nur die Enten uns zugeschaut haben, sondern ebenfalls der eine oder andere Schwimmer, der gerne mit auf das Bild wollte.

In diesem Sinne, entspannt weiter SUPen

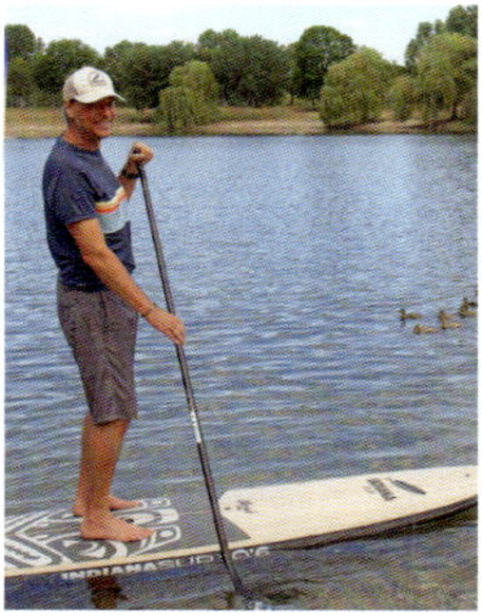

JAN MEESSEN

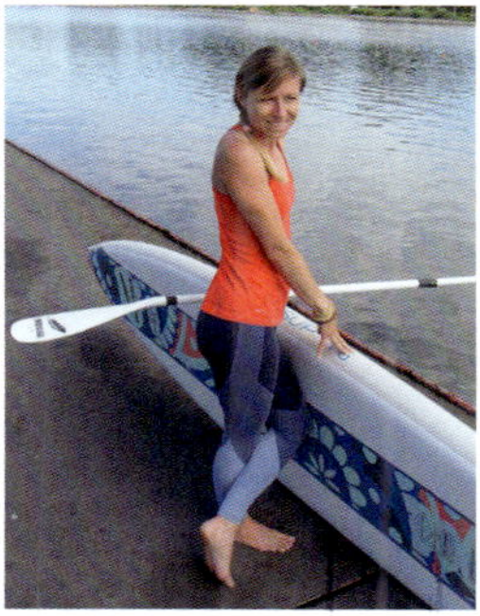

SIMONE THIESS

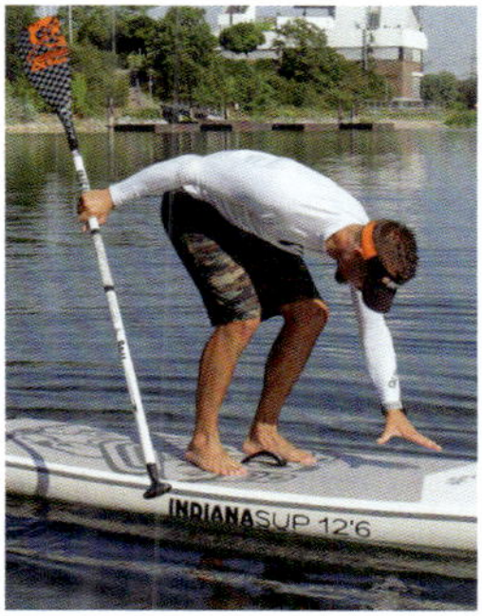

MATTHIAS HARTROTT

ÜBER DEN AUTOR

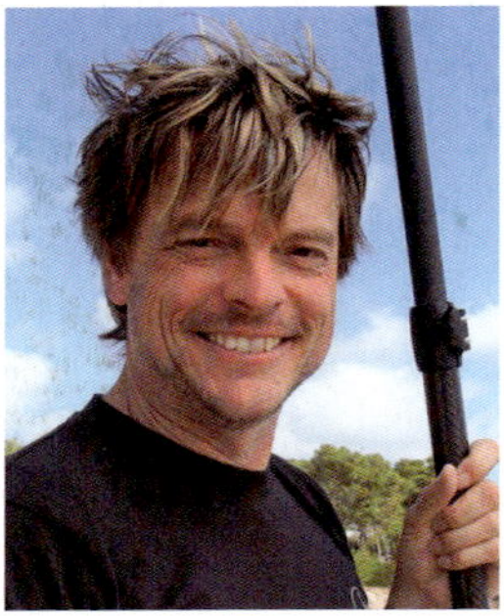

Jan Meessen beschäftigt sich seit mehr als zehn Jahren mit dem Stand-Up-Paddling, und erlebte die Entwicklung der Sportart vom Nischendasein zum Breitensport. Er paddelte bereits in Nordamerika, war einer der ersten SUPer auf den Vulkanseen in Guatemala, SUPte am skandinavischen Polarkreis und in vielen anderen europäischen Regionen.

Jan Meessen ist unter anderem Autor des *ersten SUP-Reiseführers für Deutschland* und des Buches *101 Dinge die ein Stand-Up-Paddler wissen muss.*

Seit einigen Jahren betreibt Jan erfolgreich SUP-Reisen an der Küste Mallorcas, war einer der ersten SUP-Instruktoren in Deutschland und organisiert für eine Schweizer Kultmarke Events und Testivals in Deutschland.

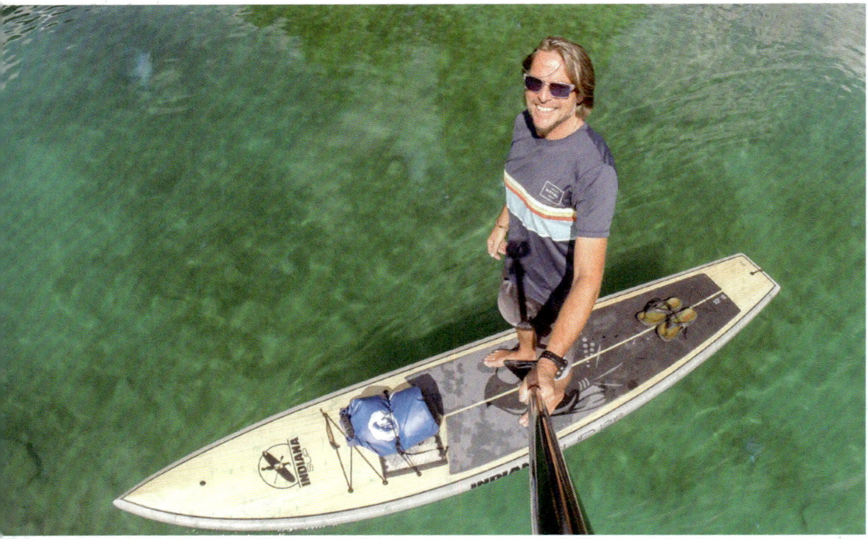